SIGNATURE COFFEE RECIPE

감수
베버리지아카데미 김영하 대표
음료에 들어가는 모든 재료의 특징부터 각각의 활용법까지 깊이 있게 연구하며 새로운 시도를 멈추지 않는 베버리지 전문가이자 토탈 음료 연구가. 바텐더로 업계에 입문했지만 에스프레소의 매력에 빠져 소프트 드링크를 공부하기 시작했다. 재료학, 식물학 등을 독학으로 터득했고, 해외 곳곳을 다니며 다양한 식재료를 직접 경험했다. 현재는 불모지나 다름없던 베버리지 교육 시장을 개척, 주로 재료에 대한 교육과 메뉴 개발 컨설팅을 진행하고 있다.

자문
마리스 커피 현상무 대표
국내 최정상급 바텐더로 활동하다 8년 전 커피를 시작, 국내외를 넘나드는 치열한 노력 끝에 '마리스 커피'를 천안의 대표 카페로 자리매김시켰고, 2015 월드커피인굿스피릿챔피언십에 한국 대표로 참가하여 5위라는 값진 성과를 거두기도 했다. 차별화된 바텐더 경험의 강점을 살려 개성 있는 시그니처 메뉴를 꾸준히 선보이고 있으며, 특유의 호스피탈리티 서비스로 자신만의 영역을 확장해 나가고 있다.

SIGNATURE COFFEE RECIPE

SCR

인기 카페 45곳의 대표 메뉴 레시피

시그니처 커피 레시피

아이비라인 출판팀 지음

Prologue

처음 가는 카페에 들어서면 으레 '여기는 대표 메뉴가 무엇인가요?'라고
묻는 경우가 많아졌습니다.
그 카페에 가면 꼭 마셔봐야 하는 메뉴, 카페를 방문했다는 '인증샷'을 남기기 위한
메뉴를 선택하는 것은 카페 투어의 기본 매뉴얼이 되었습니다.

시그니처 메뉴는 '서명'이라는 뜻의 '시그니처Signature'라는 단어에서 알 수 있듯 카페를
대표하면서 브랜드의 정체성을 강조하는 메뉴이기 때문에 재료 선택부터 제조 과정,
메뉴명을 짓는 일까지 무엇 하나 허투루 다룰 수 없습니다. 그만큼 다른 곳에서 경험할 수
없는 참신한 메뉴, 혹은 다른 곳에 있지만 창의력을 더해 재해석한 메뉴 등 저마다 매력을
선보이는 시그니처 메뉴가 속속 등장하고 있습니다.

이 책은 시그니처 메뉴의 정의가 무엇인지, 재료 선택부터 레시피를 결정하기까지
메뉴 개발의 전과정이 어떻게 이루어지는지에 대한 기본적인 이론을 정리했습니다.
네이밍과 메뉴판 디자인 등 메뉴의 특징을 감각적으로 보여주는 소소한 팁도 실었습니다.
더불어 대회를 준비하는 바리스타들을 위해 한국바리스타챔피언십Korea Barista Championship,
KBC 입상에 빛나는 대회 창작 메뉴 개발 과정도 함께 실었습니다.

메뉴 개발에 관한 탄탄한 기본 지식을 쌓고 업계의 트렌드도 파악했다면, 이제 본격적인
실습으로 넘어갑니다. <시그니처 커피 레시피>는 컨셉도, 상권이나 주고객층도 전부 다른
서울 및 수도권 카페 45곳의 시그니처 메뉴 레시피를 엮었습니다.

세상에 없던 새로운 것을 만드는 것은 분명 매력적인 일입니다. 하지만 무언가를 창조하는 일은 생각만큼 쉽지 않습니다. 이에 대다수의 카페들은 오랫동안 사랑 받아 온 클래식 메뉴나 다른 카페의 인기 메뉴를 참고하여 시그니처 메뉴를 개발하곤 합니다. 재료는 물론, 사용하는 도구나 추출법 등에 사소한 변화만 주어도 완성된 음료의 맛은 확연한 차이를 보이기 때문입니다.
책에 소개된 인기 카페들의 다양한 레시피를 바탕으로 각자의 개성을 더하고, 카페가 지닌 철학을 메뉴에 녹여내는 것은 차별화된 시그니처 메뉴를 개발하는 좋은 출발선이 될 것입니다.

치열한 카페 시장의 경쟁 속에서 잘 만든 시그니처 메뉴 하나는 손님을 끄는 원동력이 되기도 합니다. 고심 끝에 만든 소중한 레시피를 공개해 주신 45곳의 카페 오너분들께 다시 한번 깊은 감사 말씀을 전하며, <시그니처 커피 레시피>가 독자 여러분의 카페 경쟁력을 키우는 밑거름이 되길 바랍니다.

프롤로그 004

목차 006

Part 1.

시그니처 메뉴란?

1. 카페의 대표 메뉴, 시그니처 메뉴
① 시그니처 메뉴의 정의 012
② 시그니처 메뉴의 역할과 중요성 014

2. 카페의 대표 메뉴, 시그니처 메뉴
① 열 보 앞선 메뉴보다 한 보 앞선 메뉴 016
② 시그니처 메뉴의 비중은 10% 이하가 적당 016
③ 제조 과정은 효율적으로, 결과물은 일관되게 017
④ 로스팅도 메뉴 개발의 한 과정 017
⑤ 기본 레시피를 응용하자 018
⑥ 메뉴와 공간의 조화 018

3. 카페 메뉴의 구분
① 주스 020
② 스무디 022
③ 에이드 022
④ 프라페 022

Part 2.

시그니처 메뉴의 기본 사항

1. 주재료
① 원두 027
② 우유 028
③ 물 029

2. 부재료
① 과일 030
② 탄산수 036
③ 초콜릿 038
④ 시럽&소스 039
⑤ 크림 040
⑥ 티 043
⑦ 아이스크림&젤라또 045
⑧ 파우더 047
⑨ 설탕 047

3. 기물
① 에스프레소 추출 052
② 브루잉 커피 추출 054
③ 기타 055

4. 시그니처 메뉴의 비주얼
① 가니쉬 057
② 레이어드 058
③ 잔 060
④ 기타 소품 067

Part 3.

메뉴 개발 과정

1. 시장 조사
① 트렌드 파악 072
    - 매체 활용
    - 식음료 업계 신메뉴 조사
    - 타 매장 메뉴 분석
② 타깃 분석 073
    - 타깃 대상의 취향 고려
    - 상권 분석
③ 장점&약점 파악 075
    - SWOT 분석

2. 레시피 디자인
① 핵심 아이디어 및 주제 정하기 080
② 주재료&부재료 선택 081
    - 재료에 대한 이해
    - 유통 가능성
    - 제조 과정 및 동선
    - 가격
    - 재료의 양과 보관
    - 재료 간 조화

3. 제조 및 테이스팅
① 테이스팅 084
    - 테이스팅 항목과 횟수
    - 맛의 강도 조절
② 시음회 및 품평회 진행 085
③ 레시피 매뉴얼 확정 085

4. 네이밍

5. 메뉴판

6. 대회 레시피
① 대회 레시피의 특징 089
② 레시피 개발 과정 089
③ 스토리텔링 090
④ 시연 팁 090

Part 4.

시그니처 메뉴 레시피

1. POINT_기본
① 스너그 로스터리_바닐라 크림 라떼 102
② 태양 커피_시나몬 드라이 카푸치노 104
③ 모파상_모파상 비엔나 106
④ 퀜치 커피_아이리시 커피 108
⑤ 로제티_로얄 밀크티 110
⑥ 와이엠 커피 프로젝트_모카 비엔나 112

2. POINT_재료
① 모이 커피_분홍 장미 114
② 카카오다다_마시는 카카오 116
③ 보통_아이스 소이 모카 118
④ 단골 커피 로스터스_마스코바도 라떼 120
⑤ 다과상사_솔티 캐러멜 라떼 122
⑥ 커피 폴리_블랙 카푸치노 124
⑦ 벙커컴퍼니_쑥쓰럽떼 126
⑧ 비로소 커피_복분자 라떼 128

3. POINT_희귀성
① 정지영 커피 로스터스_코코넛 130
② 플로우 커피 웍스_스파이스 라떼 132
③ 커피 렉_블러썸 134
④ 콩당콩당_골드 마끼아토 136
⑤ 서촌음료연구소_생민트 라떼 138
⑥ 망원동내커피_스위트 화이트 140
⑦ 파이브브루잉_시그니처 브루잉 142
⑧ 캐주얼 커피_얼그레이 자두 소다 144

4. POINT_비주얼
① 템프터 커피 로스터스_피넛 캐러멜 라떼 146
② 카페 워드로브_플랫 슈 148
③ 쿠오레 에스프레소_애플 베리 에이드 150
④ 카페 단지_말차숲 152
⑤ 페이브 베이커리_더블 베리 154
⑥ 여상원 바리스타_만년설 156
⑦ 이정화 바리스타_베리 뱀파이어 158

5. POINT_제조법
① 카페 이미_오렌지 모카 160
② 비라티오 커피 컴퍼니_카카오 에쏘 162
③ 세루리안 커피_플랫 그린티 164
④ 루소 랩_큐브 라떼 166
⑤ 언더프레셔_핑크브루 168
⑥ 메쉬 커피_커피 셰이크 170
⑦ 아모르미오_하프 앤 하프 172
⑧ 딥블루레이크_오렌지 블러썸 174

6. POINT_컨셉
① 컴플리트 커피_코코지엥 176
② 헤일리스 커피_시드니 라떼 178
③ 벨롱 에스프레소_벨롱 커피 180
④ 김성원 바리스타_헤이 헬싱키 182
⑤ 카페 딕셔너리_코리아노 184
⑥ 180 커피 로스터스_진저 스트레인지 186
⑦ 블랙 소울 클래식_소울 라떼 188
⑧ 이월 로스터스_6월 에이드 190

Part 1.

Signature Coffee Recipe

SUMMARY OF SIGNATURE MENU

시그니처 메뉴란?

시그니처 커피 레시피

1. About Signature Menu
2. Start of Signature Menu
3. Cafe Menu Category

1. About Signature Menu 카페의 대표 메뉴, 시그니처 메뉴

❶ 시그니처 메뉴의 정의

사전적 의미로 '서명'을 뜻하는 '시그니처 Signature'를 카페에서는 매장의 정체성과 개성을 보여주는 이색적이고 차별화된 메뉴를 설명하는 용어로 사용한다. 카페를 대표하는 메뉴를 일컬어 시그니처 메뉴라고 부르는 것이다.

시그니처 메뉴는 카페가 자신만의 색깔과 장점을 드러내는 수단 중 하나다. 카페는 중장기 사업 계획에 따른 목표 이미지와 매출을 설정하고 이를 달성하기 위한 방법으로 시그니처 메뉴를 활용한다. 원두 커피 전문 카페의 경우 프로페셔널한 이미지를 강조하기 위해 고품질 커피를 시그니처 메뉴로 정하고 커피를 주재료로 한 음료를 개발하기도 한다.

그러나 최근 신메뉴를 가리켜 '시그니처 메뉴'라고 통칭하는 카페가 점점 늘어나고 있다. 심지어 기존 메뉴와 다를 것 없는 음료를 그저 그럴듯하게 포장하는 말로 시그니처라는 수식어를 무분별하게 붙이기도 한다. 정작 진짜 대표 메뉴가 무엇인지 알 수 없는 경우도 많은 것이다.

물론 신메뉴가 대표 메뉴일 수도 있지만 진정한 의미의 시그니처 메뉴는 단순히 새롭고 독특한 것을 떠나 고유성을 지녀야 한다. 가장 흔한 카페 메뉴인 아메리카노도 새로운 재료와 방식으로 만든다면 시그니처 메뉴가 될 수 있다. 아무리 유명 바리스타가 개발하고 비주얼이 독특한 메뉴라도 그만의 관점이나 방식이 녹아들어 있지 않다면, 겉모습만 그럴싸하고 의도와 근거가 불분명하다면 시그니처 메뉴라고 보기 어렵다. 논리적으로 소비자를 설득하고 납득시킬 수 없다면 과연 시그니처라는 타이틀에 부합하는 메뉴인지 다시 한 번 고민해 봐야 한다.

❷ 시그니처 메뉴의 역할과 중요성

○ **매출 증대 효과**

물론 카페에 꼭 시그니처 메뉴가 있을 필요는 없다. 학교 앞 분식집처럼 이렇다 할 대표 메뉴 없이도 잘 운영되는 카페가 있기 때문이다. 다만 기본 메뉴 외에 시그니처 메뉴가 있다면 추가 매출이 발생할 가능성이 있다.

시그니처 메뉴를 판매하는 가장 큰 이유는 매출 증대를 통한 카페 운영의 활성화다. 시그니처 메뉴를 개발하는 목적이 브랜딩의 일환이라고 해도 시그니처 메뉴를 통해 카페 이미지를 제고함으로써 매출 상승 효과를 기대해 볼 수 있다. 장기적인 관점에서 본다면 비주얼만 화려한 메뉴보다 기본에 충실한 메뉴가 트렌드에 관계없이 꾸준히 사랑받으며 카페 운영에도 긍정적인 영향을 미친다.

○ **카페 매장의 새로운 활력**

카페들 간의 경쟁이 갈수록 치열해지는 상황에서 시그니처 메뉴는 오래된 카페가 트렌드를 따르는 방법이 되기도 한다. 최근에 생긴 신상 카페들은 대부분 소셜 미디어의 파급력과 홍보 효과를 의식해 처음 공간을 구성할 때부터 포토 존을 배치하고 사진이 잘 나오는 조명을 설치하는 전략을 세우지만, 1~2년만 지나도 트렌드가 바뀌기 때문에 매번 매장을 리뉴얼하는 대신 시즌별로 색다른 시그니처 메뉴를 만들어 새로운 활력을 불어넣는다. 보통 일 년에 두 번 전반기와 후반기로 나눠 각 계절에 어울리는 메뉴를 선보이는 식이다.

2. Start of Signature Menu 시그니처 메뉴, 이것만은 알고 시작하자

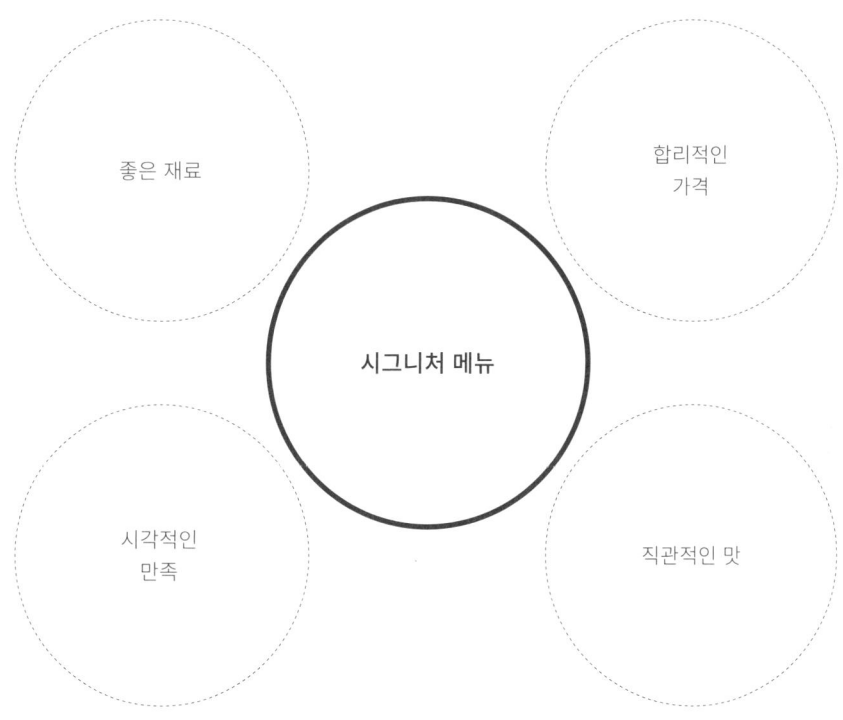

시그니처 메뉴의 구성요소

❶ 열 보 앞선 메뉴보다 한 보 앞선 메뉴

시그니처 메뉴는 시대를 너무 앞서간 것보다 적당히 새로우면서 익숙한 것이 더 좋다. 지나치게 트렌디한 메뉴는 손님들이 낯설어서 선뜻 주문하지 못하는 경우가 많기 때문이다. 또한 시그니처 메뉴는 카페를 대표하는 메뉴인 만큼 누가 마셔도 맛있고, 처음부터 끝까지 맛있는 메뉴여야 한다. 그냥 먹을 만한 맛이 아니라 깜짝 놀랄 만한 맛이어야 한다. 보기에 예쁜 음료는 쉽게 눈길을 끌 수 있지만 맛이 이상하면 손님들이 다시 찾지 않는다. 모든 음료의 기본은 맛이다. 시그니처 메뉴를 개발할 때는 반드시 실제 고객이 될 사람의 의견을 들어야 한다.

❷ 시그니처 메뉴의 비중은 10% 이하가 적당

시그니처 메뉴가 인기 메뉴가 되려면 독창성, 대중성, 완성도 등의 조건을 골고루 갖춰야 하기 때문에 무조건 가짓수를 늘리기보다 가장 자신 있는 메뉴 몇 가지에 집중하는 것이 좋다. 탄탄한 기본 메뉴를 바탕으로 시그니처 메뉴와 신메뉴의 비중을 약 10%로 유지한다. 시그니처 메뉴는 생각보다 큰 반응을 얻지 못하고 실패하는 경우가 많기 때문에 새로운 메뉴를 남발해 쓸데없는 에너지와 비용을 낭비하는 일이 없도록 신중해야 한다. 또한 메뉴가 무한정 늘어날 수는 없으므로 손님들의 반응을 보며 피드백이 좋았던 메뉴는 그대로 두고 그렇지 않은 메뉴는 없애는 식으로 정리해 나가는 것이 바람직하다.

❸ 제조 과정은 효율적으로, 결과물은 일관되게

시그니처 메뉴의 핵심은 카페가 가진 고유의 기술과 아이디어를 어떻게 메뉴에 녹여낼 것인가지만 실제 현장에서 얼마나 빠르고 정확하게 만들 수 있는가도 반드시 고려해야 하는 부분 중 하나다. 음식과 마찬가지로 음료 역시 누가 만들어도 똑같은 맛을 낼 수 있게끔 정교하게 레시피를 만들어야 한다. 특히 직원이 많고 지점이 여러 개인 카페일수록 결과물의 편차가 크기 때문에 시그니처 메뉴를 개발하기에 앞서 재료 수급부터 제조까지 전 과정에 걸쳐 변수를 최소화하는 방안을 모색해야 한다. 또한 작업이 효율적으로 이루어질 수 있도록 주력 메뉴에 맞게 바의 구조와 직원들의 동선을 짜고, 미리 만들거나 손질할 수 있는 재료는 사전에 준비해 둘 필요가 있다. 아무리 보기 좋고 맛있는 메뉴라도 만드는 데 너무 오랜 시간이 걸리면 회전율이 떨어져 매출에 타격을 입을 수 있다. 메뉴는 같은 재료를 최대한 다양하게 활용할 수 있도록 구성하는 것이 좋은데, 메뉴마다 다른 재료를 구입해야 하는 번거로움을 덜고 비용적인 부담도 줄일 수 있기 때문이다.

❹ 로스팅도 메뉴 개발의 한 과정

흔히 카페 메뉴 레시피라고 하면 음료에 들어가는 재료와 만드는 방법만 생각하지만, 주재료인 원두를 어떻게 로스팅하는가 또한 음료 맛을 결정하는 핵심 요인이기 때문에 메뉴 컨셉을 잡을 때부터 다른 부재료와 어울리는 로스팅 스타일을 찾을 필요가 있다. 예를 들어 밸런스와 단맛이 좋은 커피가 어울리는 메뉴라면 원두를 미디엄 계열로 로스팅하고 그에 맞는 추출법도 고민해 봐야 한다. 로스팅 프로파일을 작성할 때는 로스터와 바리스타간의 긴밀한 소통이 무엇보다 중요하다. 원두가 로스팅되는 과정을 알아야 커피를 제대로 이해하고 레시피를 완성할 수 있으며, 로스터의 의도를 손님에게 잘 전달할 수 있기 때문이다.

❺ 기본 레시피를 응용하자

때로는 완전히 새로운 시그니처 메뉴를 개발하는 것보다 기존 메뉴에서 재료나 제조법을 살짝 변형하는 것이 안정적일 수 있다. 천안 단대 호수가에 위치한 마리스 커피는 커피 메뉴에 대한 생각과 관점의 변화를 잘 보여주는 사례다. 마리스 커피의 카페모카는 서로 다른 점성을 지닌 커피와 초콜릿이 분리되는 현상을 막기 위해 초코시럽과 에스프레소를 셰이킹한 후 우유를 넣는 방식으로 제조법을 바꿨으며, 크림커피의 경우 설탕을 크림에 넣지 않고 커피에 넣어 음료를 마셨을 때 후미에 단맛이 더 올라오도록 했다. 마리스 커피 현상무 대표는 "커피가 주가 되는 시그니처 메뉴는 함께 활용할 수 있는 부재료가 설탕, 크림, 우유 등으로 한정적일 수밖에 없다"며 "이럴 때는 다채로운 개성의 스페셜티 커피를 활용해 향미를 극대화하는 것도 좋은 방법"이라고 전한다.

❻ 메뉴와 공간의 조화

시그니처 메뉴를 완성하는 것은 카페의 공간과 사람이라는 사실을 잊지 말아야 한다. 시그니처 메뉴는 카페의 모든 구성요소가 한데 어우러져 그만의 고유한 분위기를 낼 때야 비로소 빛을 발할 수 있다. 많은 카페 창업자들이 메뉴에 앞서 공간을 먼저 구상하는데, 카페 창업을 연출이라는 측면에서 본다면 메뉴를 고려해 공간을 구상하는 것이 바람직하다.

3. Cafe Menu Category 카페 메뉴의 구분

모든 음료를 통칭하는 말인 '드링크Drink'는 알코올의 유무에 따라 크게 알코올을 넣지 않은 소프트soft 드링크와 알코올을 넣은 하드hard 드링크로 나뉘며, 그중 소프트 드링크를 일컬어 '베버리지Beverage'라고 한다.

음료의 구분

❶ 주스 Juice

과일과 채소를 그대로 짜서 만든 음료. 100% 과·채즙을 물에 희석해 만든 음료는 환원주스에 해당한다.

❷ 스무디 Smoothie

주스의 일종으로 과일 과육을 통째로 갈아 만든 음료. 주로 복숭아처럼 과즙을 내기 어려운 과일을 스무디로 만들며, 차갑게도 뜨겁게도 마실 수 있다. 일반 스무디는 프렌치 스무디, 얼음을 넣고 간 스무디는 프로즌 스무디라고 부른다.

❸ 에이드 Ade

에이드는 주스, 즉 과즙 원액을 물 또는 탄산수에 희석해 만든 음료이며, 물에 희석한 것을 미국에서는 워터 에이드 Water Ade라고 부른다.

❹ 프라페 Frappe

각종 재료에 얼음을 넣고 갈거나 잘게 부순 얼음을 올려 만든 음료. 스타벅스 Starbucks가 프라페와 카푸치노의 합성어인 '프라푸치노 Frappuccino'로 부르기 시작하면서 더욱 유명해졌다.

Signature Coffee Recipe

Summary of Signature Menu

Part 2.

Signature Coffee Recipe

✓

BASIC OF
SIGNATURE MENU

시그니처 메뉴의 기본 사항

시그니처 커피 레시피

1. Main Ingredients
2. Sub Ingredients
3. Tools
4. Visual of Signature Menu

1. Main Ingredients 주재료

메뉴 개발은 2개월가량 소요되는 작업이지만 메뉴에 어울리는 재료를 찾지 못하면 기간이 더 오래 걸리기도 한다. 메뉴 개발의 핵심은 재료라고 할 수 있으며, 주재료와 부재료의 경중을 떠나 정확히 이해하고 적절히 활용하는 것이 중요하다. 재료는 직접 테스트한 후 구매하는 것이 기본이며, 그해 식음료 시장의 흐름을 살펴보고 파인 다이닝과 같은 비슷한 분야의 트렌드를 참고해 영감을 얻는 것도 좋은 방법이다. 평소 일상에서나 여행 중에 새로운 식재료에 관심을 갖고 경험해 보는 것도 도움이 된다. 하지만 지나치게 독특하고 생소한 식재료는 오히려 소비자의 반감을 불러일으킬 수 있으므로 섣불리 사용하지 않는 것이 좋다.

또한 재료 선택은 기본적으로 먹었을 때 몸에 이상이 없도록 식품안전기본법과 식품위생법에 근거해야 하며, 식품의약품안전처에서 제시하는 최소한의 가이드라인인 식품공전(식품, 첨가물의 성분과 제조, 가공, 조리 및 보전 방법에 관한 기준)을 숙지할 필요가 있다.

Signature Coffee Recipe

❶ 원두

카페 메뉴를 만들 때는 맛있는 원두를 사용하는 것 못지않게 균일한 품질의 원두를 사용하는 것이 중요하다. 많은 카페가 블렌딩된 원두를 사용하는 것도 재배환경이나 품종, 가공방식에 따라 천차만별인 커피 맛을 일정하게 맞추기 위해서다. 카페마다 대표 블렌드인 하우스 블렌드를 개발하는 것은 각자가 추구하는 커피 맛을 효과적으로 구현하는 동시에 비교적 일정한 맛을 재현할 수 있기 때문이다. 커피 음료 레시피는 원두가 지닌 특성을 고려해야 하며, 블렌드를 개발할 때도 자신의 취향을 강요하기보다 대중이 원하는 것과 다른 재료를 만났을 때 균형감 있게 조화를 이루는지 확인해야 한다. 손님들은 대체로 커피다운 커피, 한국인의 입맛에 익숙한 쓰고 구수한 맛의 커피를 맛있다고 느끼는 경향이 있다.

등급이 높고 가격이 비싼 원두라고 해서 모든 음료에 잘 어울리는 것은 아니다. 경우에 따라 어떤 음료는 아라비카보다 로부스타 품종의 커피가 더 잘 맞을 수도 있다. 토탈 음료 전문가인 베버리지아카데미의 김영하 대표는 "레시피를 완성히는 데 있어서 무엇이 좋고 나쁘다는 식의 절대적인 기준은 바람직하지 않다"고 말한다. 로부스타도 적절히 배합하면 아라비카보다 부드럽고 풍부한 맛을 내는 경우가 있기 때문에 무조건 나쁘다는 편견을 버려야 한다는 것이다. 원두를 비롯한 모든 재료는 수백, 수천 가지 선택지가 존재하며, 어떻게 조합하느냐에 따라 경우의 수가 무궁무진하므로 꼭 비싸고 좋은 재료를 고집하기보다 장기적으로 꾸준히 제공받을 수 있는 재료를 선택하는 것도 현명한 방법이다.

> **· 메뉴별 커피 추출법 ·**
>
> *Tip*
>
> 커피를 추출하는 방법은 메뉴에 따라, 즉 에스프레소인지 아메리카노인지 아니면 베리에이 음료인지에 따라 각각 다르게 적용해야 한다. 에스프레소가 다른 재료와 어떻게 어우러질지를 생각해 세팅 값을 맞추고 추출량을 조절한다. 커피는 맛과 향이 매우 강한 재료이므로 무조건 정량을 고집하기보다 다른 재료와 섞였을 때의 밸런스를 고려해 원 샷을 넣을지, 투 샷을 넣을지 결정한다. 예를 들어 캐러멜 마끼아토에서 캐러멜 맛이 약하게 느껴진다면 캐러멜 소스를 더 넣는 대신 샷 수를 줄이는 식이다.

❷ 우유

대부분 고지방 우유가 저지방 우유보다 맛있다고 생각하지만 단순히 지방 함량이 높다고 해서 맛이 더 고소한 것은 아니며, 같은 고지방 우유도 종류에 따라 그 맛이 천차만별이다. 음료에 어울리는 우유는 메뉴마다 다르기 때문에 무조건 어느 쪽이 더 낫다고 할 수 없다. 우유를 선택할 때는 메뉴에 들어가는 재료들 간의 밸런스를 가장 먼저 고려해야 한다.

고지방 우유는 대체로 고소한 풍미의 커피와 잘 어울리며, 화사한 산미가 지닌 커피는 고지방 우유와 만나면 오히려 향미가 뭉개지거나 밸런스가 깨지는 경향이 있다. 꽃향기와 과일향이 나는 커피는 깔끔하고 가벼운 맛의 저지방 우유나 무지방 우유와 더 잘 어울린다. 밀크티를 만들 때 고지방 우유보다 저지방 우유를 추천하는 것도 같은 이유에서다.

· 스티밍 방법 ·

스팀밀크는 스티밍 시 적당량의 공기를 주입하여 우유 비린내가 나기 직전 온도에서 마무리하는 것이 관건이다. 그래야 미세한 거품 입자가 살아있는 스팀밀크가 완성되어 한층 더 부드럽고 산뜻한 맛의 커피를 즐길 수 있기 때문이다. 스티밍 시간이 너무 길어지면 우유의 질감과 맛이 떨어지므로 스티밍은 우유를 살짝 데운다는 느낌으로 따뜻한 온도에서 끝내는 것이 좋다.

❸ 물

커피의 98% 이상은 물로 이루어져 있으며, 물 자체만으로 커피 향미에 큰 영향을 줄 수 있다. 아무리 좋은 품질의 커피라도 추출에 사용하는 물이 적합하지 않으면 커피 본연의 맛과 향을 잃어버릴 수 있다. 전문가들이 이야기하는 커피 추출에 이상적인 물의 기준은 저마다 다른데, 나라별, 지역별 수질 등급이 다를 뿐더러 커피의 산지와 품종, 가공방식, 로스팅 포인트 등에 따라서도 알맞은 물의 기준이 달라지기 때문이다. 일반적으로 커피 추출에는 증류수나 정수물을 사용하는데, 지하수는 칼슘, 마그네슘 등의 성분이 커피의 쓴맛을 증가시키고, 수돗물은 소독약 냄새가 커피 향미를 떨어뜨릴 위험이 있기 때문이다.

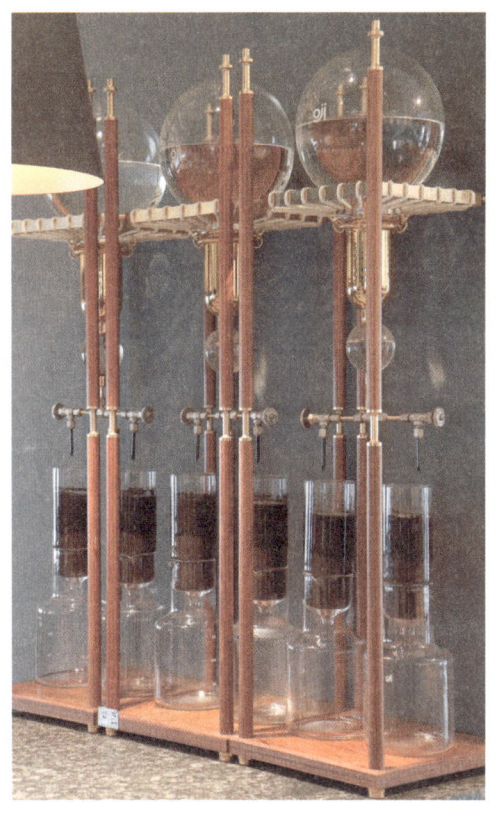

2. Sub Ingredients 부재료

카페 메뉴에서 커피, 특히 아메리카노 판매량이 가장 높다는 사실은 불변의 진리지만 카페인에 취약하거나 늦은 저녁 커피를 마시기 부담스러운 이들을 위한 음료도 카페 운영에서 중요한 부분 중 하나다. 그리고 이러한 논커피Non-coffee 음료나 베리에이션 음료를 만들 때 가장 먼저 떠올리는 방법이 바로 부재료이다. 과일, 채소 등 천연재료부터 달콤한 향을 살리는 시럽과 풍미를 더하는 소스, 파우더 등의 제품까지, 부재료는 원하는 맛과 향을 간편하게 구현할 수 있어 카페 운영의 필수품으로 꼽힌다.

물론 천연재료가 아니면 높은 활용도와 편의성에도 건강에 해롭다는 인식과 인공적인 향미 때문에 부재료 제품을 과소평가하는 경향이 있지만, 경제적 측면에서 본다면 시간과 비용을 효과적으로 절감할 수 있는 구원투수나 다름없다. 최근 부재료 시장이 발전하면서 품질도 눈에 띄게 향상되었고 보존기한도 크게 늘어났다. 제품 종류도 다양해져 개별 포장된 스틱형 제품부터 유기농, 무설탕 제품과 부스트boost 제품까지 꾸준히 출시되고 있다.

❶ 과일

과일은 크게 생과일과 냉동과일, 건과일로 나뉜다. 레시피를 만들 때는 각 메뉴에 맞는 적절한 과일을 사용하며, 종류마다 당도에 차이가 있으므로 주의해야 한다. 신선과일만 좋고 냉동과일은 나쁘다는 인식도 버려야 한다. 스무디는 냉동과일을 사용하면 따로 얼음을 넣지 않아도 과일의 진하고 생생한 맛을 느낄 수 있다. 다채로운 맛의 에이드를 만들고 싶다면 두 가지 청을 함께 쓰는 것도 좋은 방법이다. 단맛이 강한 청에 새콤한 맛이 나는 청을 섞으면 맛에 포인트를 줄 수 있고, 잔에 담을 때 과육을 같이 넣으면 맛이 더 풍부해지고 보기에도 예쁘다. 과즙을 사용할 경우 미리 착즙해 두거나 코디얼Cordial이나 청을 만들어 쓰면 제조시간을 단축시킬 수 있다. 제품으로 출시된 과일 농축액과 퓌레를 활용하는 것도 괜찮은 방법이다.

Signature Coffee Recipe

시그니처 커피 레시피

· 과일 세척 및 손질법 ·

세척법

- **소금** 소금으로 과일을 씻어준다. 껍질이 울퉁불퉁하거나 왁스가 남아있는 과일(레몬, 모과)에 사용하는데, 너무 세게 문지르면 향이 날아가고 표면이 긁히면서 수분이 빠져나갈 수 있으니 살살 닦아야 한다.
- **식초** 물에 적당량을 넣고 과일을 담가 두었다가 흐르는 물에 씻어낸다.
- **베이킹 소다** 과일 껍질에 묻어있는 하얀 가루는 외부 마찰로 인한 손상을 막기 위해 뿌리는 왁스 잔여물이다. 오일 성분인 왁스는 소금보다 베이킹 소다로 닦는 것이 더 효과적이다. 물에 베이킹 소다를 적당량 풀어 과일을 담가 두었다가 흐르는 물에 씻어낸다.

손질법

- **레몬** 수입 과일이기 때문에 표면에 묻은 왁스 제거에 유의한다. 쓴맛이 양 꼭지와 씨에 모여 있으므로 제거하는 것이 좋다. 반드시 라벨 스티커를 제거한 후 세척하고 잘라야 한다.
- **자몽** 겉껍질을 완전히 벗기고 속껍질과 알맹이만 사용한다. 자몽의 쓴맛이 거슬린다면 당도가 높은 파인애플을 섞거나 청을 담근다.
- **모과** 딱딱한 일반 모과보다 부드러운 참모과를 추천한다. 겉껍질과 과육은 채 썰어 사용한다. 모과는 단단한 과실이기 때문에 채 썰어야 먹기 부담스럽지 않다.
- **석류** 4등분이나 8등분으로 조각낸 후 스푼이나 손으로 파내면 알맹이를 떼어낼 수 있다. 석류는 다른 과일에 비해 수분이 많기 때문에 청을 담글 때 틈틈이 젓거나 흔들어 주지 않아도 설탕이 잘 녹는다.

· 색다른 과일 활용법 ·

◦ **청**

청은 원래 중국에서 꿀을 이르던 말이다. 잼이 과일과 설탕을 '졸인 것'이라면 청은 과일을 설탕에 '절인 것'이다. 가열하지 않는 대신 숙성하는 과정이 있으며, 과일을 제철에 대량으로 구입해 한동안 사용할 청을 담근다. 과일 종류에 따라 일주일에서 한 달까지 적정 숙성 기간이 다르며, 수분이 많은 무른 과일일수록 숙성 기간이 짧다. 숙성 기간이 길다고 맛이 더 좋아지는 것은 아니므로 일정 시간이 흐른 후 개봉하고, 그전까지는 뚜껑을 열지 않는 것이 좋다. 특히 수제청을 보존제도 넣지 않고 오랫동안 방치하면 금방 상할 수 있으니 주의해야 한다.

일반적으로 수제청이라고 부르는 것은 엄밀히 말하면 과일 절임이라고 볼 수 있다. 절임류는 건더기까지 모두 먹지만, 청은 액만 걸러내어 시럽 형태로 보관한다. 카페에서 과일차로 사용하는 레몬 청, 자몽 청 등은 절임류로 볼 수 있으며, 요리에 쓰는 매실액 등이 청으로 분류된다.

· 과일청 만들기 ·

1. 과일을 깨끗이 세척한 후 손질한다.
2. 소독한 유리병에 과일과 설탕을 1:1 비율로 켜켜이 쌓는다.
3. 설탕이 완전히 녹을 때까지 주기적으로 섞어주며 숙성시킨다.

✓ 설탕 비율은 과일의 수분 함량에 따라 달라질 수 있다. 설탕이 아닌 올리고당이나 꿀을 사용할 경우 계속 뒤적여 줄 필요는 없으나 청에 과일 맛이 배어나도록 며칠간 숙성시킨다.

✓ 과육을 가열한 것이 아니므로 냉장보관하는 것이 좋으며 적어도 3개월 안에 먹는 것을 권장한다. 또한 청에 타액이나 이물질이 들어가면 쉽게 부패하므로 가급적 깨끗한 스푼으로 덜어내고 쇠로 된 스푼보다는 플라스틱이나 나무로 된 스푼을 사용한다.

○ **코디얼** Cordial

코디얼은 과일에서 착즙한 원액을 설탕 시럽과 배합해 만든 것으로 잼과 마찬가지로 유럽의 전통적인 과일 보관방법 중 하나다. 재료에 따라 만드는 방법에 차이가 나며 과일뿐만 아니라 식용 꽃이나 허브로도 코디얼을 만들 수 있다. 특히 식용 장미를 활용한 장미 코디얼은 색감이 예쁘고 꽃을 먹는다는 독특한 매력까지 더해져 주목받고 있다. 코디얼에 따뜻한 물이나 차가운 탄산수를 부어 티나 에이드를 만들 수 있으며, 요리에 응용하는 경우도 있다.

○ **스프레드** Spread

스프레드는 마치 잼의 한 종류인 것 같지만 스프레드라는 단어의 뜻처럼 빵이나 비스킷 등에 얇게 펴발라 먹을 수 있는 여러 가공품을 총칭하는 말이다. 다시 말해 잼, 젤리, 콩포트, 처트니, 커드, 마멀레이드 등은 모두 스프레드의 일종이라고 볼 수 있다.

❷ 탄산수

천연 광천수 또는 인공 광천수에 탄산가스를 용해시킨 것으로, 천연 탄산수와 인공 탄산수로 분류된다. 카페에서는 주로 에이드를 만들 때 사용하며, 재료 본연의 단맛과 과일맛을 해치지 않기 위해 가향되지 않은 제품을 쓰고 탄산수 제조기를 활용하는 경우도 있다. 한 번 만든 탄산수는 시간이 지나면서 탄산이 빠져나가기 때문에 오랫동안 보관하지 않으며, 음료 주문이 들어올 때마다 새로 만든 탄산수를 사용해 청량감을 살린다. 티를 냉침할 때 탄산수를 활용하기도 하는데, 반나절 정도 차가운 탄산수에 티를 담가두면 물에 담가두었을 때보다 맛과 색이 훨씬 잘 우러나 아이스티로 활용하기 좋다. 음료를 만들 때는 탄산수를 맨 나중에 넣어야 탄산이 금방 날아가지 않는다.

탄산수의 종류

천연 탄산수	환경적 요인에 의해 물 속에 탄산이 자연스럽게 녹아든 것으로 마그네슘과 같은 영양분이 풍부하며 물맛이 부드럽고 단맛이 강한 것이 특징이다.
인공 탄산수	정제수에 탄산을 인위적으로 주입한 것으로 탄산이 풍부한 것이 특징이다.

Signature Coffee Recipe

❸ 초콜릿

초콜릿의 원재료인 카카오는 카카오나무에서 수확한 열매의 씨앗으로 만든다. 카카오는 열매의 과육을 벗겨내고 발효, 건조한 상태로 유통되며, 이를 카카오빈이라고 부른다. 카카오빈을 볶은 후 껍질을 깐 것을 카카오닙스, 카카오닙스를 곱게 간 것을 카카오리코(액체) 혹은 카카오매스(고체)라고 한다. 반제품 형태의 카카오매스는 시중에서도 구할 수 있다. 카카오매스에 설탕을 조금 넣으면 다크 초콜릿, 설탕과 분유를 넣으면 밀크 초콜릿이 된다. 카카오매스에서 기름을 짜내면 카카오버터가 되는데, 여기에 설탕과 분유를 넣으면 화이트 초콜릿이 된다. 카카오버터를 만들고 남은 덩어리를 부순 것이 카카오 파우더, 흔히 말하는 코코아 파우더다. 음료를 만들 때는 가공된 시판 초콜릿이 아닌 커버추어 초콜릿을 사용하는 것이 초콜릿의 깊은 맛을 내는 데 효과적이다.

카카오닙스가 만들어지는 과정

❹ 시럽&소스

○ **시럽**

설탕을 녹인 후 향을 첨가한 액체. 다양한 음료에 두루 사용되며 대표적으로 설탕 시럽, 바닐라 시럽, 캐러멜 시럽 등이 있다. 제품의 당도가 너무 높으면 오히려 음료의 향이 약해질 수 있으므로 적절한 제품을 선택하는 것이 중요하다.

시럽은 크게 아로마 타입과 플레이버 타입으로 나뉘는데, 카페에서 주로 사용하는 시판 시럽은 설탕 시럽에 색과 향을 입힌 아로마 타입의 가향 시럽이며, 매장에서 직접 만드는 바닐라 시럽과 캐러멜 시럽은 재료를 끓이거나 담가 맛을 내는 플레이버 타입이다.

○ **소스**

음료에 넣어 맛을 더하거나 토핑으로 뿌려 장식 효과를 내기 위해 사용하는 걸쭉한 액체. 농도와 점성이 높은 편이며 종류로는 초콜릿과 캐러멜 등이 있다.

· 설탕 시럽 만들기 ·

Tip

카페에서 가장 많이 사용하는 시럽인 설탕 시럽은 직접 만들면 원하는 맛을 내는 동시에 비용도 절감할 수 있다. 물과 설탕을 1:1 비율로 넣고 끓이며, 완성된 설탕 시럽은 유리병이나 페트통에 담아 보관한다.

❺ 크림

동물성 크림은 밀도가 높고 고소하며 묵직한 맛이 나지만 빨리 상하는 단점이 있는 반면, 식물성 크림은 밀도가 낮아 깔끔하고 산뜻한 느낌을 준다. 음료에 들어가는 재료에 따라 알맞은 크림을 사용하면 되는데, 밝은 산미와 화사한 향이 있는 커피나 과일이 들어가는 음료는 식물성 크림이 더 잘 어울린다. 경우에 따라 동물성 크림과 식물성 크림을 일정 비율로 섞어 쓰기도 한다. 과거에는 카페모카처럼 커피 위에 휘핑크림을 소복하게 쌓은 메뉴가 유행이었다면 몇 년 전부터는 묽은 제형의 생크림을 평평하게 올려 커피와 함께 마시는 메뉴가 인기를 끌고 있다.

크림은 어떤 믹서기를 사용하느냐에 따라 질감 차이가 나며, 설탕 함량이 높은 크림일수록 점도가 높아 성형이 잘된다. 어떤 재료를 배합하는지에 따라서도 다양한 맛과 질감을 낼 수 있다. 한 가지 예로 크림에 파우더를 섞으면 파우더가 수분을 빼앗아 쉽게 고체화되지만 향미가 떨어지는 반면, 시럽을 섞으면 향미는 살아나지만 고체화하기 어렵고 끈적끈적한 제형 때문에 산뜻한 맛을 내기 힘들 수 있다. 그래서 크림을 만들 때 리큐르를 많이 사용하는데, 맛의 다양성을 높이는 동시에 깔끔한 애프터테이스트를 느낄 수 있다.

○ **휘핑크림**

식물성 크림으로 설탕이 들어있으며 유통기한이 긴 편이다. 생크림으로 거품을 낼 때보다 시간은 오래 걸려도 모양이 단단해 쉽게 흐트러지지 않고 표면에 윤기가 흐른다. 하지만 첨가물이 들어있기 때문에 생크림보다 자연스러운 맛이 부족하고 장식용에 더 적합하다.

○ **생크림**

동물성 크림으로 유통기한이 짧은 편이다. 휘핑크림보다 고소하고 깊은 우유 맛이 나며 살짝 노란 빛을 띤다. 휘핑크림으로 거품을 낼 때보다 시간은 덜 걸리지만 유분과 수분이 빠르게 분리되어 표면이 금방 거칠어진다. 유통기한은 길어야 일주일이므로 보관에 주의해야 한다.

· 비엔나 커피 크림 만드는 법 ·

비엔나 커피의 핵심은 휘핑크림처럼 빨대로 마시거나 스푼으로 떠먹을 필요 없이 부드럽게 넘어가는 크림이다. 잘 만든 비엔나 커피는 마셨을 때 크림 반, 커피 반이 동시에 입 안에 들어온다. 크림을 어떻게 얼마나 쳐서 점도를 어느 정도로 맞출 것인지가 중요한데, 크림을 떨어뜨렸을 때 휘퍼 끝에 오십원짜리 동전이 들어갈 만한 크기의 삼각형이 생길 정도가 좋다. 크림의 점도를 맞추기 위해 지방 함량과 맛이 각기 다른 여러 종류의 크림을 섞어 유수분 밸런스를 유지하며, 풍부한 바디감과 다채로운 풍미를 살리기도 한다.

❻ 티

티는 찻잎, 즉 차나무 잎으로 만든 것을 말한다. 보리차, 유자차, 허브차, 쌍화차 등 차나무가 아닌 식물을 이용해 만든 차는 대용차로 구분한다. 제조 과정에 따라 종류를 분류하고, 백차, 녹차, 황차, 청차, 홍차, 흑차를 일컬어 '6대 다류'라고 부른다. 나무는 하나이지만, 산화와 발효 등 가공 방법의 차이에 따라 저마다 개성있는 풍미와 농도를 지닌 다양한 티가 생산된다.

실제 카페에서는 녹차, 홍차, 허브차 일부를 취급하거나 스트레이트 티가 아닌 다른 맛과 향이 더해진 티, 또는 우유, 시럽, 과일, 탄산 등을 첨가한 베리에이션 티를 더 많이 판매하지만, 제대로 된 티 메뉴를 만들기 위해서는 단순히 유행만 좇는 게 아니라 티에 대한 정확한 이해가 선행되어야 한다.

혼합 방식에 따른 티의 분류

스트레이트 티	한 지역에서 생산된 찻잎만 사용한 티
블렌드 티	서로 다른 종류의 찻잎을 섞어서 만든 티. 홍차에서는 산지가 다른 찻잎을 섞어 만든 잉글리쉬 브렉퍼스트가 대표적이다.
가향·가미차	찻잎에 향이나 맛을 더하기 위해 다른 재료를 섞은 티. 얼그레이, 마살라 차이, 재스민 등이 있다.

❼ 아이스크림&젤라또

　　　　　아이스크림은 젤라또를 비롯해 하드, 소프트까지 포함한 얼린 디저트를 통칭하는 말이다. 젤라또와 아이스크림을 혼동하는 경우가 있지만 가장 큰 차이점은 재료에 있다. 아이스크림은 탈지분유, 식물성 유지, 색소, 향료, 안정제, 유화제, 증점제, 소프트젤 등이 들어가는 반면, 젤라또는 화학 첨가제보다 원재료가 중심이 된다. 젤라또는 일정한 온도를 유지하며 만들기 때문에 특유의 쫀득거림과 원재료의 신선한 맛을 즐길 수 있다는 장점이 있지만 유통기한이 짧아 오래 즐길 수 없다는 것이 단점이다.

　　　　　아이스크림과 젤라또는 유지방 비율에서도 차이가 나는데, 아이스크림은 최소 10%의 유지방을 함유하고, 원재료를 팽창시키는 데 필요한 공기가 충분히 들어있어야 한다. 젤라또의 유지방 비율은 6~8%이며, 공기가 거의 포함되지 않아 식감이 부드럽다.

　　　　　젤라또는 보관 온도도 아이스크림과 다르다. 아이스크림은 -18°C나 그보다 낮은 온도에서 보관하는데 젤라또는 약 60%는 냉동 상태, 약 40%는 액체 상태로 -13°C 정도에서 보관 가능하다. 카페 메뉴에 아이스크림을 사용할 경우 너무 차가우면 혀가 마비돼 맛을 느낄 수 없으므로 냉동고에서 잠시 꺼내 두었다가 쓰는 것이 좋다. 냉동실 냄새가 배고 성에가 끼는 것을 막으려면 아이스크림이 담긴 통에 랩을 두르면 된다.

· 다양한 아이스크림 토핑 ·

◦ **시럽과 소스**
여러 종류의 아이스크림을 취급하기 어려운 경우 활용하기 좋은 것이 바로 시럽과 소스다. 특히 카페는 논커피 음료를 만들기 위해 퓌레, 농축액 등을 갖추고 있는 곳이 많아 이를 적절히 사용하면 된다. 가장 흔한 예로 패스트푸드점에서 판매하는 선데이 아이스크림을 들 수 있으며, 당도를 고려해 적당량을 사용하는 것이 좋다.

◦ **생과일**
아이스크림에 상큼함을 더하고 싶다면 과일 토핑이 제격이다. 딸기, 키위, 블루베리, 망고 등 다양한 과일을 활용하여 화려한 색감도 덤으로 얻을 수 있다. 과일만으로 심심하거나 단가가 부담된다면 시럽이나 소스를 같이 곁들이는 것도 좋은 방법이다.

◦ **쿠키 등 과자류**
어디에서나 쉽게 찾아볼 수 있는 아이스크림과 과자의 조합. 아이스크림에 다채로운 모양과 색깔의 과자나 쿠키를 꽂는다면 비주얼을 한층 향상시킬 수 있다. 직접 만든 시리얼을 가득 뿌려 인기를 끈 메뉴도 있다.

◦ **견과류**
오독오독 씹는 재미와 함께 고소함을 더해주는 견과류 토핑. 단맛을 즐기지 않는 이들에게 이보다 나은 토핑은 없을 것이다. 실제로 아포가토용 아이스크림에 아몬드가 뿌려져 있는 모습을 많이 봤을 것이다. 견과류 토핑을 올린 뒤 꿀을 뿌리는 것도 또 다른 매력을 선사한다.

❽ 파우더

원재료를 가루로 만든 부재료. 종류가 다양하고 가격이 저렴하며 사용도 간편하지만, 인공적으로 가향 처리를 한 파우더는 재료 본연의 맛을 살리기 힘들다는 단점이 있다. 분말로 만들어 운반과 저장이 용이하지만 한 번 포장을 뜯은 제품은 온도나 습도에 영향을 받지 않도록 밀봉해야 한다.

❾ 설탕

카페에서는 주로 시럽이나 청을 만들 때 설탕을 사용하며, 음료에는 설탕 대신 연유나 꿀, 올리고당등을 넣어 단맛을 내기도 한다. 갈색 설탕은 캐러멜 같은 단맛, 하얀 설탕은 산뜻한 단맛이 특징이며, 정제당이라고 해서 무조건 나쁘거나 비정제당이라고 해서 마냥 좋은 것도 아니므로 각 메뉴에 어울리는 당을 선택하면 된다.

· 당의 종류별 특징 ·

◦ **정제당**
완전히 정제한 백색 설탕. 단당류로 다당류에 비해 당 흡수가 잘된다. 무색, 무향이기 때문에 재료 본연의 색과 향을 살리기 좋다.

◦ **비정제당**
정제 과정을 완전히 마치지 않은 원당. 백설탕보다 색은 탁하지만 미네랄 등 기타 영양소가 남아있어 당 흡수율이 낮다.

◦ **코코넛 슈가**
사탕야자의 수액에서 얻어낸 당. 종려당 또는 야자설탕이라고 한다. 카야잼을 만들 때 주로 사용하며 풍미를 살릴 수 있다.

◦ **연유**
우유성분을 진공상태에서 ½ ~ ⅓로 농축시킨 것으로, 종류로는 가당연유와 무당연유가 있다. 가당연유는 우유를 농축한 후 약 40%의 설탕을 첨가해 당분 함량이 높다. 연유는 보존성이 있는 우유제품으로 카페에서도 편리하게 사용할 수 있다.

◦ **올리고당**
원재료에서 효소 작용으로 얻어낸 기능성 당. 다당류로 단당류와 같은 양을 섭취하더라도 당을 적게 흡수한다. 응집력이 떨어지기 때문에 잼을 만들 경우 반드시 조절제를 넣어 주어야 한다.

◦ **꿀**
천연 감미료. 청을 만들 때는 재료 본연의 맛이 부각되도록 향이 강하고 색이 짙은 꿀은 피한다.

3. Tools 기물

❶ 계량 도구

○ **계량스푼**
　가루나 액체로 된 소량의 재료를 잴 때 사용한다. 5~15㎖까지 다양한 사이즈가 있다.

○ **계량컵**
　재료의 분량을 잴 때 사용하는 컵. 사이즈는 50~200㎖가 일반적이다. ¼컵 이하는 계량컵보다 계량스푼을 이용하는 것이 알맞다.

○ **지거**
　액체의 용량을 재는 도구. 사이즈가 다른 삼각형이 위아래로 붙어 있다. 종류로는 30㎖, 45㎖ 등이 있다.

○ **계량저울**
　무게를 측정할 때 사용한다. 저울의 수치가 영점에 맞춰져 있는지 확인해야 오차가 없다.

· 계량 시 주의할 점 ·

- 매장에서는 일반적으로 비커, 지거, 계량저울을 활용하지만 혼잡한 시간대에는 일일이 계량 도구를 사용하기 힘들다. 이 경우 세밀한 용량 조절이 가능한 시럽 펌프를 사용하거나 측량 표본으로 삼을 만한 도구를 몇 가지로 통일해 사용하기도 한다. 조그만 플라스틱 컵이나 종이컵 소주잔처럼 어디서 구입하든 크기가 똑같은 제품을 활용해 5g, 10g 단위로 매뉴얼을 만들어 두면 편리하다.

- 도구를 이용할 때는 오차 범위를 고려해야 한다. 또한 매뉴얼을 만들 때 무게면 무게, 부피면 부피로 단위를 통일해야 한다. 재료는 특성에 따라 부피는 같아도 무게가 다를 수 있다. 각 재료마다 한 스푼, 한 컵이 실제로 얼마나 되는지 계량한 후 레시피를 결정하는 것이 좋다.

- 가루나 알갱이, 퓌레, 페이스트 등을 계량할 때는 재료를 담은 후 윗부분을 평평하게 깎아야 정확히 측정할 수 있다.

- 얼음을 갈아 만드는 음료는 얼음의 분량을 정확히 맞추지 않으면 맛에도 큰 영향을 미치기 때문에 오차를 최소화하는 방법을 찾는 것이 중요하다. 계량저울이 가장 좋은 도구이지만 바쁠 때는 차선책으로 얼음 개수를 정하거나 사전에 컵을 하나 정해두고 메뉴별로 얼마만큼 얼음을 채울지 계산하는 방법이 있다. 스쿱 그대로 대충 얼음을 넣는 것은 피해야 한다.

· 계량단위 ·

- **온스 oz, ounce**
무게나 부피를 나타내는 단위. 1oz는 무게로 약 30g, 부피로 약 30㎖이다.

- **밀리터 ml, milliter**
부피를 나타내는 단위. 리터(L, liter)의 1/1,000이며 1㎖는 1cc와 동일하다.

- **그램 g, gram**
무게를 나타내는 단위. 킬로그램(kg, kilogram)의 1/1,000이다.

❷ 에스프레소 추출

○ **탬퍼** Tamper
탬핑 시 포터필터에 담긴 분쇄원두를 다지는 데 사용하는 도구. 하단 베이스와 상단 손잡이로 구성되어 있으며, 종류로는 일체형과 분리형이 있다. 에스프레소 머신은 기종별로 포터필터의 규격이 다르기 때문에 각자 상황에 맞게 선택하는 것이 좋다. 베이스에 흠집이 날 경우 추출에도 영향을 주기 때문에 평소 탬퍼 받침 위에 보관해야 한다.

○ **넉박스** Knock Box
에스프레소를 추출하고 남은 찌꺼기를 모아두는 통.

○ **샷글라스** Shot Glass
에스프레소 머신으로 추출한 커피를 담을 때 쓰는 작은 샷 잔. 주로 테스트 샷 test shot을 뽑을 때나 베리에이션 커피에 들어갈 에스프레소를 추출할 때 사용한다. 유리나 스테인리스 소재로 만들며, 눈금이 새겨져 있는 것과 없는 것 두 종류가 있다.

○ **린넨** Linen
카페에서 물기를 제거하거나 커피 찌꺼기를 털어낼 때 사용하는 천.

○ **스팀피처** Steam Pitcher
밀크 스티밍을 할 때 사용하는 스테인리스 재질의 용기. 밀크 피처 Milk Pitcher라고도 한다. 사용 후에는 바로 세척해야 우유 찌꺼기가 남지 않고 악취가 생기는 것을 막을 수 있다.

Signature Coffee Recipe

❸ 브루잉 커피 추출

○ **드립포트** Drip Pot

핸드드립이나 푸어오버 Pour-over 방식으로 커피를 내릴 때 사용하는 주전자. 일반 주전자보다 무게가 가벼운데다 주둥이가 가늘고 긴 형태를 하고 있어 물줄기를 일정하게 조절하기 수월하다.

○ **필터** Filter

브루잉을 할 때 드리퍼와 서버 사이에 끼워 커피성분을 추출하고 남은 찌꺼기를 걸러내는 부분. 종이, 융, 금속 등 다양한 소재로 만들며 재질별로 맛에 차이가 있다. 케맥스, 에어로프레스와 같은 몇몇 추출기구는 전용 필터를 구매해야 한다.

○ **서버** Server

추출한 커피를 담는 용기. 대부분 유리로 되어 있고 눈금이 새겨져 있어 추출량을 쉽게 확인할 수 있다.

○ **드리퍼** Dripper

브루잉 커피를 내릴 때 사용하는 도구. 종이필터로 커피 찌꺼기를 걸러내는 형태가 일반적이며, 플라스틱, 유리, 도자기, 동, 스테인리스 등 다양한 소재로 제작된다. 브랜드별로 여러 가지 형태와 크기의 제품을 선보이고 있다.

❹ 기타

○ **타이머** Timer
정확한 시간을 맞추기 위해 사용하는 초시계.

○ **온도계** Thermometer
물 온도를 측정하는 기구로, 브루잉 커피를 내릴 때 많이 사용한다.

○ **바스푼** Bar Spoon
음료를 만들 때 재료를 골고루 섞기 위해 사용하는 도구. 가니쉬를 올릴 때 사용하기도 한다.

○ **휘핑기** Whipper
음료 위에 올릴 휘핑크림을 만드는 기구. 빠르고 간편하게 크림을 만들 수 있다는 장점이 있다. 휘핑기 안에 생크림이나 휘핑크림을 넣고 질소가스를 주입한 뒤, 거꾸로 들고 흔들어 주면 단단한 질감의 크림이 만들어진다. 휘핑노즐을 끼우고 적당한 힘으로 손잡이를 눌러 크림을 짠다.

○ **제빙기** Ice Machine
물이나 공기를 이용해 얼음을 만드는 기계로, 냉각 방식에 따라 수랭식과 공랭식으로 나뉜다.

○ **블렌더** Blender
주로 카페에서 얼음이 들어가는 음료를 만들 때 사용하는 기계. 재료를 분쇄하고 혼합하는 기능이 있다.

○ **온수기** Water Heater
뜨거운 물을 공급해 주는 기계로 핫워터 디스펜서 Hot water dispenser 라고도 한다. 에스프레소 머신에서 나오는 온수는 너무 자주 사용하면 보일러의 온도 유지력이 떨어지고 수명이 단축될 수 있으므로 온수기를 따로 구입하는 것이 좋다.

4. Visual of Signature Menu 시그니처 메뉴의 비주얼

최근 소셜 미디어의 발달로 이미지의 중요성이 점점 커지면서 메뉴 개발에 있어서도 비주얼라이징**Visualizing**이라고 하는 시각화 작업이 핵심적인 부분으로 여겨지고 있다. 손님의 기대감을 충족시키면서도 음료의 퀄리티를 놓치지 않는 비주얼라이징 방법을 알아보자.

❶ 가니쉬

가니쉬는 음료를 완성한 후 식욕을 돋우기 위해 올리는 장식을 말한다. 흔히 가니쉬를 음료와 상관없는 별도의 장식쯤으로 생각하지만 알고 보면 가니쉬도 음료의 구성 요소 중 하나다. 일반적인 장식과 달리 가니쉬는 음료의 향미를 더하는 역할을 한다. 가니쉬를 레시피의 한 부분으로 봐야 하는 이유도 이 때문이다. 가니쉬는 주로 색상 대비를 살리거나 포인트를 주는 용도로 활용하며, 라떼아트도 가니쉬의 일종으로 볼 수 있다. 쿠키나 파베 초콜릿 등 직접 만든 쁘띠 디저트를 가니쉬로 활용하거나 시나몬 스틱, 팔각향 등 향신료를 활용해 달콤하고 스파이시한 향을 더하는 방법도 있다. 이밖에도 말린 과일, 원두, 솜사탕, 도넛 등 가니쉬로 활용할 수 있는 재료는 무궁무진하다.

효과적인 가니쉬 활용법에 대해 마리스 커피 현상무 대표는 "음료에 들어간 재료를 사용해 향미를 극대화하거나 재료들 간의 색깔 대비를 고려해 포인트를 주는 것도 좋은 방법"이라고 말한다. 마리스 커피는 에이드에 인두기로 로고를 새긴 과일 껍질 가니쉬를 올리기도 하는데, 이러한 가니쉬는 시각적 효과는 물론 SNS 인증샷을 통해 잠재고객에게 노출되는 효과도 기대해 볼 수 있다.

가니쉬가 제대로 기능하기 위해서는 그에 따른 기술과 도구를 갖춰야 하며, 일정 수준의 손기술과 센스, 눈썰미 등이 필요하다. 어떤 가니쉬를 올릴지 결정하기 전에 메뉴 구성과 작업 공간, 직원들의 역량 등도 고려해야 한다. 가니쉬가 너무 복잡하면 시간이 오래 걸릴뿐더러 모양과 퀄리티를 유지하기도 어려워진다. 최근 음료의 비주얼이 중요해지면서 가니쉬를 도입하는 곳이 많아지고 있지만 효과성과 경제성을 충분히 고려하지 않고 무분별하게 시도하는 것은 음료의 맛과 향을 떨어뜨리고 재료 값은 늘어나는 불상사를 가져올 수 있으므로 신중해야 한다.

간혹 화려한 가니쉬로 이슈를 끄는 카페도 있지만 이 경우 자칫 음료를 만드는 데 너무 오랜 시간이 지체되어 효율성과 생산성이 떨어질 위험이 있다. 가니쉬는 밑작업이 많지 않고 상태가 오래 유지되는 것이 좋으며, 가니쉬에 손이 너무 많이 가거나 지나치게 가니쉬에만 치중하고 맛이 별로면 손님들이 한번 맛보고 더 이상 찾지 않는다는 사실을 명심해야 한다. 반드시 예쁘고 특이한 것만 가니쉬는 아니므로 최대한 단순하고 효율적인 방법을 고민해볼 필요가 있다.

❷ 레이어드

　최근 액체의 밀도차를 활용한 음료들이 인기다. 술의 도수와 시럽의 무게를 이용해 층을 만드는 칵테일 기법인 '플로팅Floating'을 도입해 층을 이루거나 자연스레 섞이는 그라데이션 효과를 준 음료들이 눈에 띈다. 우유에 에스프레소 샷을 부어 만든 간단한 그라데이션부터 시럽과 소스를 맨 밑에 둔 채 그 위로 에스프레소 샷이나 우유를 올린 메뉴까지 각양각색이다. 음료 전체에 번지는 파스텔 색감이 보는 사람의 마음을 훔치고, 에스프레소 샷과 우유가 어우러져 흘러내리는 모습은 마치 한 폭의 그림을 감상하는 느낌마저 든다. 사진 찍는 재미 역시 레이어드 음료의 인기 비결이다.

　음료는 기본적으로 완전 혼합된 상태로 마셔야 하지만 층이 있다면 빨대로 마시거나 그냥 마셔도 전체적인 밸런스가 잘 잡혀 있어야 한다. 음료를 만들 때 어떻게 마셔야 하는지 계산하지 않고 아무 생각 없이 그저 예쁘게 보이는 데만 치중한다면 손님이 의도한 맛을 제대로 느끼지 못할 수 있다. 레이어드 음료는 제공하기 전에 반드시 손님에게 마시는 방법을 안내해 줘야 한다.

　레이어드 음료를 선보이기에 앞서 반드시 고려해야 하는 배합 원칙은 '조화'다. 외양에 치중해 재료와 부재료를 섞다 보면 맛의 불협화음이 생길 수 있기 때문이다. 음료 본연의 맛을 해치지 않는 범위 내에서 추가 재료를 찾는 것이 우선이고, 재료 간 최고의 배합 비율을 찾는 것도 방법이다.

Signature Coffee Recipe

❸ 잔

시그니처 메뉴에 확실한 정체성을 부여하기 위해 전용잔을 맞추거나 플레이팅에 변화를 준다. 얼린 더치 커피와 우유로 만든 큐브 라떼처럼 녹여가며 마셔야 하는 음료의 경우 잔과 저그를 따로 제공하여 손님들이 마시기 쉽게 하기도 한다. 음료와 에스프레소를 따로 제공하면 각자 기호에 맞게 농도를 조절할 수 있고 직접 만들어 먹는 재미가 있으며, 음료에 에스프레소를 붓는 모습이 시각적 효과를 주기도 한다.

맛과 잔의 상관관계

○ **단맛을 좋아한다면 높고 큰 머그잔을 골라라**

낮고 작은 커피잔과 높고 큰 커피잔 중 단맛을 좋아하는 사람이 골라야 하는 커피잔은 무엇일까? 정답은 높고 큰 머그잔이다. 영국 옥스퍼드 대학 연구팀이 실시한 '머그잔 모양에 따라 느끼는 커피맛의 차이'라는 주제의 연구 결과, 피실험자들은 크고 높은 잔에 담긴 커피를 마셨을 때 부드럽고 달콤하다고 느꼈고, 반대로 높이가 낮고 작은 잔에 담긴 커피는 쓴맛과 향이 짙다고 응답했다. 일반적으로 큰 잔에는 물과 우유가 더 많이 담겼다고 생각하고, 작은 잔에 적은 양의 물과 우유가 담겨 커피향미가 진하다고 생각하기 때문이다.

○ **잔 색깔이 음료 맛을 좌우한다**

인간의 무의식에 색상이 끼치는 영향은 매우 크다. 앞서 언급한 실험과 마찬가지로 영국 옥스퍼드 대학 연구팀이 2014년 호주 연합대학과 공동으로 실시한 연구 결과에 따르면 파란색 잔에 커피를 마시면 흰색이나 투명잔에 커피를 마실 때보다 더 달게 느낀다고 한다. '잔의 색으로 커피의 쓴맛을 줄일 수 있다'는 한 바리스타의 주장을 검증하기 위해 시행된 이 실험은 36명의 참가자에게 파란색, 흰색, 투명 유리잔에 커피를 담아 마시게 했고, 그 결과 피실험자들은 흰색 머그잔에 담긴 커피가 다른 두 잔의 커피보다 쓰다고 답했다. 커피의 짙은 갈색이 흰색 잔에 담았을 때 시각적으로 돋보여 맛이 더 쓰다고 느끼는 것으로 해석된다.

잔 선택법

○ **커피 본연의 색을 해치지 않는 색상**

잔의 색상이 다양한 것처럼 커피 역시 저마다 고유의 색을 갖고 있다. 잔에 담겼을 때 커피의 색감을 해치지 않는 색상의 잔을 고르자. 단맛을 좋아하는 단골손님이 온다면 시럽을 한 번 추가하는 대신 파란 컵에 담아 주는 것은 어떨까.

○ **온도와 향을 오래 보존하는 잔**

커피의 향은 온도가 뜨거울수록 오래간다. 두께가 너무 얇은 잔은 커피가 빨리 식어 향을 잡아 두기 어렵다. 가볍고 산뜻한 맛을 원한다면 테두리가 넓고 얇은 잔을 선택해도 좋지만, 적당한 두께가 있는 잔이 향과 온도 유지에 좋고 무겁고 중후한 맛을 느끼게 한다. 덧붙여 입구가 좁을수록 향을 오래 느낄 수 있다.

○ **용량과 두께는 반비례**

너무 무겁고 큰 잔은 커피맛에 집중하는 데 방해가 되므로, 적당한 크기의 잔을 고르는 것이 중요하다. 용량이 많을 땐 온도가 쉽게 변하지 않으므로 얇은 잔을 고르고, 적을 땐 두꺼운 잔에 담자. 에스프레소 전용잔인 데미타세Demitasse 잔이 두껍고 손잡이가 작은 이유도 한 잔에 30㎖ 정도인 소량의 커피에 알맞은 온도를 유지하고, 마실 때 흔들림을 최소화하여 크레마가 깨지는 것을 방지하기 위해서다.

Signature Coffee Recipe

잔의 종류별 특징

재질에 따른 분류

도자기

커피잔에 가장 많이 쓰이는 재질로, 고온에서 구워낸 도자기는 열에 강하고 인체에 해가 없다. 커피 추출의 중요한 요소인 온도 유지를 위한 예열과 보온력이 뛰어나 맛있는 커피를 천천히 오래 즐길 수 있다. 좋은 도자기를 고르는 법은 가볍게 두드렸을 때 맑은 소리가 울려 퍼지고, 표면이 매끄럽고 감촉이 좋으며, 밝은 불빛에 비쳐 보았을 때 손가락이 보일 만큼 투과성이 높은 것이다.

종이

최근 들어 카페의 정체성을 담아 디자인한 매력적인 종이컵을 사용하는 곳이 늘고 있다. 비록 일회성에 그치는 종이컵이지만 소장욕구를 불러일으키는 디자인이 카페 홍보 수단으로 기능하기 때문이다. 카페 방문을 기념해 보관하거나 촬영하는 경우도 많아졌으며, 아이스 음료를 주문하는 고객에게 홀더 대용으로 종이컵을 함께 제공하기도 한다. 무게가 가볍고 깨질 위험이 없어 들고 다니기 좋아 뜨거운 음료의 테이크아웃 잔으로 사용된다. 너무 얇지 않은 적당한 두께에 누수가 없는 천연펄프와 무형광으로 만든 제품이 좋다.

스테인리스

시원한 느낌을 주는 색감과 질감으로 유리와 더불어 아이스 메뉴를 제공하는 잔으로 사용되는 스테인리스 잔은 세련되고 심플한 이미지로 최근 카페에서 많이 쓰이고 있다. 쉽게 깨지지 않고 열에 강하며, 가볍고 보관이 편리해 캠핑 등 야외 활동에도 적합한 재질이다.

유리

칵테일이나 아이스 메뉴에 사용되는 유리잔은 다양한 모양과 크기로 투명한 잔에 담긴 내용물에 따라 다른 느낌을 준다. 얼음을 넣기 때문에 적당히 크기가 있고 입구가 넓으며, 온도나 외부 충격에 강한 강화 유리잔을 사용한다.

플라스틱

아이스 음료를 담은 테이크아웃 잔에 활용하며, 내용물이 보이므로 투명도가 얼마나 높은지 따져봐야 한다. 시중에 안전하게 사용 가능한 무취, 무독성의 다양한 사이즈와 디자인 제품이 많이 나와있다. 뚜껑은 카페의 컨셉과 메뉴의 용량, 위에 올리는 토핑 모양에 따라 평평한 것과 볼록한 것 중 하나를 선택하자.

메뉴에 따른 분류

에스프레소 잔 60-80㎖

적은 양의 커피가 공기와 접촉 후 식는 것을 막기 위해 잔과 잔 받침을 두껍게 만들었다. 보온력이 강한 도자기나 스테인리스를 주로 사용하며, 커피색을 돋보이게 하는 흰색 잔이 많이 쓰인다.

카푸치노 잔 150-220㎖

카페라떼 잔보다 용량이 작으며 잔의 지름이 넓어 풍부한 거품을 즐길 수 있다. 이탈리아는 가장 맛있는 카푸치노를 만들기 위해 레시피와 잔의 크기를 규격화했다고 하는데, 그 명성에 걸맞게 이탈리아 브랜드가 유명하다.

찻잔 250㎖

일반적으로 '커피잔, 찻잔'이라 일컫는 레귤러 컵으로 과일차, 허브차 등 티를 마실 때 주로 사용한다. 티는 너무 뜨겁게 마시면 쓴맛이나 떫은맛이 강해지므로 온도가 적당히 내려갈 수 있는 얇은 잔을 추천한다.

머그잔 300㎖

'원통형의 찻잔'이라는 뜻의 'Mug'는 활용도가 높고 디자인이 다양하다. 잔 받침이 없어 격식을 차리지 않고 부담 없이 사용할 수 있으며 직선형, 곡선형, 가운데 부분이 살짝 들어간 장구 모양 등이 있다. 두툼하고 보온력이 좋아 음료를 오래 두고 마시기 좋다.

카페라떼 잔 240-300㎖

카푸치노 잔과 비슷한 모양이지만 용량이 더 크다. 우유가 들어간 부드러운 커피맛을 느끼기 적합하며, 브루잉 커피, 아메리카노를 담기도 한다. 잔의 지름이 넓어 라떼아트를 하기에도 알맞다.

잔 세척 및 관리법

○   머그잔의 얼룩은 베이킹소다를 미지근한 물에 넣고 10분 정도 담가 두었다가 부드러운 천으로 닦으면 표면에 흠집을 내지 않고 깨끗하게 없앨 수 있다.

○   도자기로 만든 잔은 사용 후 빠른 시간 내에 닦아 변색을 예방한다.

○   유리잔을 새것처럼 윤기 나게 하고 싶다면 잘게 썬 감자껍질을 넣고 미지근한 물을 부은 후 입구를 막은 채로 위아래로 흔들면 잔 안의 얼룩과 때가 말끔하게 지워진다. 이 방법이 귀찮다면 베이킹소다를 푼 물에 잠시 담가 두는 것도 괜찮다.

○   세척이 끝난 잔은 깨끗하고 부드러운 천으로 물기를 제거한 후 보관하는 것이 기본이다.

○   잔을 오랫동안 쌓아둔 채로 보관할 경우, 잔과 잔 사이에 냅킨이나 천을 끼워두자. 강도가 비슷한 잔이 서로 흠집을 내거나 단단히 끼어서 분리하기 어려운 상황을 미연에 방지할 수 있다.

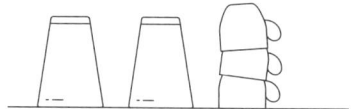

❹ 기타 소품

머들러 Muddler

음료를 저을 때 사용하는 막대. 장식용으로 꽂아두기도 한다.

코스터 Coaster

테이블이 더러워지지 않도록 음료잔 밑에 깔아두는 받침. 천, 나무, 종이 등 다양한 소재가 있으며, 인테리어 소품으로도 활용된다.

빨대 Straw

최근 친환경 종이 빨대를 사용하는 곳이 늘고 있다.

Part 3.

Signature Coffee Recipe

PROCESS OF
MENU DEVELOPMENT

메뉴 개발 과정

시그니처 커피 레시피

1. Market Research
2. Recipe Design
3. Making and Tasting
4. Naming
5. Menu Board

메뉴 개발 과정

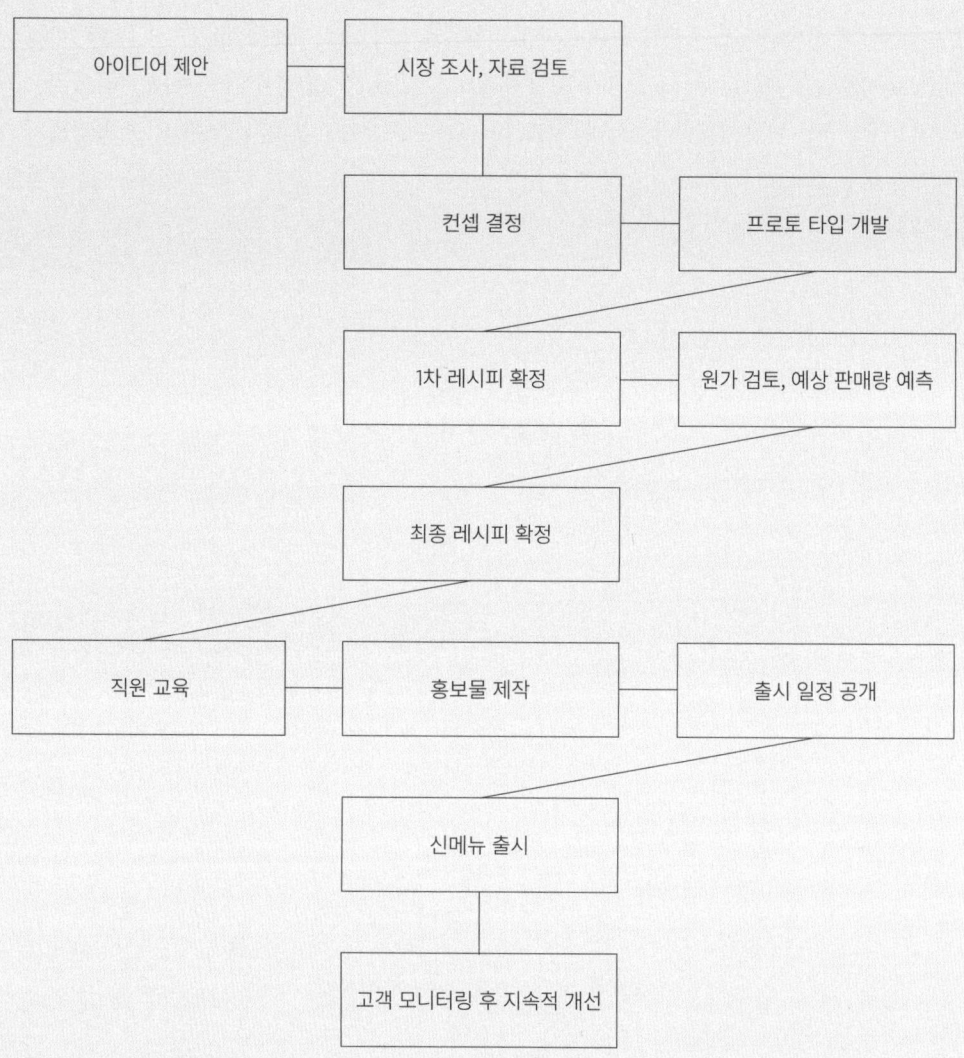

Signature Coffee Recipe

1. Market Research 시장 조사

　　우후죽순 생겨나는 카페들 속에서 고객의 발길을 끄는 요소 가운데 하나가 시그니처 메뉴다. 눈길과 입맛을 사로잡는 시그니처 메뉴는 기존에 볼 수 없었던 즐길 거리를 선사하며 단골손님을 유지하고 새로운 고객을 유치하는 힘을 발휘한다. 완벽한 시그니처 메뉴는 카페의 컨셉과 매장 분위기, 주요 타깃의 니즈가 합치하는 메뉴로 시그니처 메뉴 개발을 위한 시장 조사는 이러한 요소들을 충분히 파악하는 데 중점을 두고 진행해야 한다.

시장 조사 요소

트렌드	매장 컨셉
- 식음료 업계 동향 - 사회적 이슈	- 메인 컬러 - 분위기
상권	원가
- 매장 위치 - 고객 성별, 연령층	- 재료 수급 - 인건비

❶ 트렌드 파악

○ **매체 활용**

소비자의 관심사와 구매력, 그 해 유행하는 아이템과 심층 정보를 파악하기 위해서는 평소 다양한 매체를 가까이하며 관련 콘텐츠를 수집해야 한다. 디자인이나 푸드 스타일링 잡지를 참고해 시즌별 유행 아이템을 파악하고 레시피 디자인의 영감을 얻을 수 있으며, 최근 이슈나 키워드 등을 소개하는 어플리케이션을 참고해도 좋다. 또한 국내에 한정 짓기보다 해외 사이트와 브랜드를 살펴보며 시각을 넓혀야 한다. 블로그, 유튜브, 인스타그램과 같은 소셜 미디어는 개개인이 자신의 정보를 직접 공유해 판매자와 구매자 간의 양방향 소통이 가능하고, 국내뿐만 아니라 해외 사용자들의 일상과 현지 트렌드를 시각적으로 빠르게 습득할 수 있어 효과적이다.

○ **식음료 업계 신메뉴 조사**

매년 인기 있는 신규 아이템은 백화점이나 대형마트의 RTD 음료 코너에서 이슈가 되고, 선호도가 높은 아이템은 따로 매대가 구성돼 한 눈에 알아볼 수 있다. 어떤 아이템과 컨셉을 반영해 어떤 재료를 활용한 메뉴가 어떤 스타일로 출시됐는지 직접 발로 뛰며 확인해 보자. 한편, 유행하는 아이템을 빠르게 파악하고 아이디어를 얻는 것도 중요하지만 완성도 있는 메뉴를 발 빠르게 선점할 수 있는 타이밍을 잡는 것도 중요하다는 것을 잊지 말자.

○ **타 매장 메뉴 분석**

여러 매장을 방문해 직접 시음이나 시식을 해보면 시장에서 사랑받는 음료 메뉴의 전반적인 특징을 이해하고, 우리 매장 컨셉에 적합한 음료를 개발하는 데 도움을 얻을 수 있다. 시즌별로 출시하는 신메뉴, 기간과 관계없이 매장의 대표 메뉴로 자리매김한 시그니처 메뉴로 항목을 나눠 해당 메뉴의 뉘앙스나 스펙트럼을 유추해 본다. 메뉴가 갖고 있는 맛과 향, 식감 등을 파악하고 장단점을 정리해 컨셉, 재료, 디자인 등의 영감을 얻는다. 이후 기본을 지키면서 돋보일 수 있는 또 다른 메뉴 개발 요소를 고민해 본다.

❷ 타깃 분석

○   **타깃의 취향 고려**

타깃에 따라 구현하고자 하는 맛과 비주얼이 구상되면, 순차적으로 재료를 선택하고 레시피를 구성할 수 있다. 대학교 인근 매장을 예로 들어보자. 젊은 학생이 주요 고객층이기 때문에 합리적인 가격과 넉넉한 양으로 포만감을 주는 메뉴, 달달한 디저트와 예쁜 비주얼을 겸비한 메뉴, 다이어트를 위해 칼로리를 고려한 건강 음료 메뉴들을 생각해 볼 수 있다. 한편, 시험기간이나 학교에 근무하는 교직원을 대상으로 한 아메리카노와 라떼 같은 기본 커피 메뉴도 갖출 수 있다. '대학교'라는 카테고리 안에서도 취향이 여러 갈래로 나뉠 수 있으므로 꼼꼼한 시장 조사를 통해 명확한 타깃을 설정하고 메뉴의 종류와 비주얼, 재료의 단가와 최종 가격 등을 결정하자. 다만 같은 상권 내에서도 타깃이 달라질 수 있다는 점을 유의한다.

○   **상권 분석**

_____ **유형**

① **오피스가** 직장인이 밀집해 있는 지역으로 출근 시간대인 아침과 점심시간에 손님이 밀려든다. 꾸준히 손님이 들어오기보다는 붐비는 시간대가 정해져 있기 때문에 짧은 시간 안에 신속히 음료를 만들 수 있도록 제조 과정과 동선을 간편하게 짜는 것이 좋다. 또한 오피스 상권은 손님이 매장에 머무르는 시간이 길지 않고, 주로 테이크아웃 손님이라 이동하면서 음료를 마실 때 불편함이 없어야 한다.

② **대학가 및 학원가** 학생 손님이 주를 이루는 대학가 지역은 저렴하고 당도 높은 음료를 선호하는 경우가 많으나, 분위기나 서비스가 매력적인 카페에 대해서는 가격이 조금 비싸도 충성도가 높은 편이다. 오피스 지역보다는 상대적으로 매장 내에서 시간을 보내며 음료를 즐기는 경우가 많기 때문에 비주얼에 신경 써야한다. 레시피를 짤 때는 시간이 지나도 맛과 외형 변화가 적은 쪽을 고려한다.

③ **주택가** 주택가 상권은 대부분 주부나 가족 단위, 다양한 연령대의 손님이 방문하며 테이크아웃보다는 매장에서 커피를 마시고 대화를 즐기는 손님이 많다. 골목에 있지만 입소문이 난 카페일 경우 타 지역에서 일부러 찾아오는 손님도 많다. 한편, 신도시는 오전에는 주민 대부분이 인근 대도시에 위치한 직장으로 출근하고 퇴근 후 집으로 돌아오는 베드타운 Bed Town인 경우가 많아 낮에는 유동인구가 적으므로, 저녁 시간대에 즐길 수 있는 메뉴를 고민해 보는 것이 좋다.

_____ 맛과 단가

타깃이 정해졌다면 당도와 커피의 농도, 식감을 포함한 전반적인 맛을 체크하고 적합한 재료를 선정한다. 음료의 당도 차이는 오피스 상권과 대학가 상권이 비슷하지만 가격 면에서 차이가 난다. 오피스 상권과 대학가 상권은 직장인과 학생들의 업무 혹은 학업 스트레스를 덜어줄 적절한 당도의 메뉴가 선호된다. 한편, 학생들은 직장인보다 상대적으로 자극적인 단맛의 음료를 즐겨 찾는데, 파우더와 같이 단가가 높지 않은 재료를 활용해 간편하게 원하는 맛을 내면서 음료의 가격대를 낮출 수 있다.

주요 타깃과 상권에 따른 메뉴 구성 요소

입지	• **오피스** 업무 스트레스와 피로를 덜기 위해 매일 부담 없이 즐길 수 있는 아메리카노, 카페라떼, 저칼로리 음료, 적당한 당도의 메뉴 선호 • **대학가** 방학, 시험 등 계절적 요인의 영향을 받으며 당도와 포만감이 높으면서 비주얼이 예쁜 메뉴 선호, 개성이 뚜렷한 커피에 대한 거부감이 비교적 덜한 편 • **주택가** 인근 지역 주민이 매일 편안하게 찾을 수 있도록 맛과 가격대가 합리적인 기본 메뉴와 계절별 이색 메뉴를 다채롭게 구성 • **관광지** 매번 다양한 고객층이 방문하기 때문에 메뉴의 가짓수와 폭을 어느 정도로 설정할지 고민
연령	• **젊은층** 칼로리와 비주얼 고려 • **장년층** 카페인, 지방, 설탕 등 재료의 성분 함량 차이 고려
계절	• **여름철** 더위로 인한 갈증을 풀어줄 수 있는 아이스 아메리카노나 프라페, 에이드와 같이 달고 시원한 논커피 메뉴 수요가 급증 • **겨울철** 기온이 떨어지기 때문에 추위를 덜고 몸을 따뜻하게 해 줄 커피 메뉴나 달달하고 부드러운 초콜릿 음료, 크림이 들어간 베리에이션 음료 선호

❸ 장점&약점 파악

○   **SWOT 분석**

SWOT 분석은 내부 환경을 분석해 강점Strength과 약점Weakness을 파악하고, 외부 환경을 살펴 기회Opportunity 요인과 위협Threat 요인을 찾아내는 방법이다. 매장의 입지와 상황을 객관적으로 판단할 수 있어 현재 매장의 주요 고객 니즈에 알맞은 메뉴를 구상하거나, 약점이 되는 요인을 보완할 만한 기발한 메뉴를 개발할 때 활용할 수 있다.

SWOT 분석 예시

Strength 강점	Weakness 약점
• 오너가 디자인을 전공해 메뉴 개발 시 비주얼을 구상하기 수월함 • 지인과의 직거래를 통해 신선한 제철 과일을 바로 공급받을 수 있음	• 매장 규모가 크지 않아 트렌디한 인테리어를 적극 수용하기 어렵고 회전율이 높지 않음
Opportunities 기회 요인	**Threats 위협 요인**
• 근처에 대학교가 있고 지하철역과 가까워 유동인구가 많은 편	• 유동인구가 많지만 고정 손님이 없고, 방학 기간에는 매출 감소가 발생할 우려가 있음

결과
여름철 제철 복숭아나 청귤을 활용한 에이드 메뉴 개발. 생과일의 단면이 도드라져 비주얼이 뛰어나면서도 시원하게 마실 수 있다는 장점이 있다.
눈에 띄는 비주얼로 외부 손님들의 발길을 붙잡을 수 있고 금방 마실 수 있기 때문에 높은 회전율을 기대해 볼 수 있다.

새롭지만 편안한
블랙 소울 클래식

부천에 자리한 스페셜티 카페 블랙 소울 클래식은 '클래식'을 컨셉으로 기존 카페에서는 볼 수 없었던 인테리어를 선보이며 지역 내 카페에서도 차별화를 갖췄다. 트렌드와 특별함을 지나치게 좇지 않는 한편, 마냥 격의 없는 느낌의 공간도 아니기 때문에 독특한 컨셉을 살리면서도 고객에게 편안함을 줄 수 있는 요소들을 고민할 필요가 있었다.

그래서 고안한 것이 바로 웰컴 드링크. 매장을 방문한 손님이 자리를 잡고 앉으면 환영의 의미를 담은 웰컴 드링크를 준비한다. 웰컴 드링크는 다소 이질적인 공간이 어색한 손님들의 마음을 편안하게 해주며, 본격적으로 커피 메뉴를 즐기기 전 입맛을 돋우는 역할을 한다. 히비스커스를 우려 은은하고 산뜻한 맛을 낸 헤븐 Heaven과 깔끔하고 부드러운 맛의 밀크티인 하모니 Harmony 중 한 가지를 제공하며, 꾸준히 좋은 반응을 얻어 정식 보틀 메뉴로 판매하게 됐다.

Signature Coffee Recipe

——— 간결하고 짜임새 있게
네임드 커피

일산동구 정발산역 근처 주택단지를 중심으로 등장한 젊은 바리스타의 개성 있는 카페 중에서도 네임드 커피는 선발주자로 그 입지를 탄탄히 갖춰왔다. 네임드 커피는 베드타운이라는 입지 특성상 시간대별로 다양한 연령층의 손님들이 방문한다. 낮에는 외부에서 일부러 찾아오는 손님이 많고, 저녁 시간대에는 지역 주민들의 발길이 잦다. 맛있는 커피와 편안한 공간을 제공하는 카페 본연의 역할에 충실하기 위해 고객의 니즈와 네임드 커피의 색깔이 조화를 이루는 방향으로 메뉴를 구성했다. 아메리카노, 라떼, 브루잉 커피 등 기본에 충실한 메뉴부터 아인슈페너나 크림 너츠 라떼와 같은 특색 있는 베리에이션 음료, 커피 대신 마실 수 있는 허브티 등 기본 메뉴와 시그니처 메뉴를 짜임새 있게 갖췄다. 네임드 커피의 시그니처 메뉴인 크림 너츠 라떼는 차가운 우유에 견과류와 에스프레소 리스트레또 샷을 섞고 직접 만든 식물성 크림을 얹어 고소하고 부담스럽지 않은 단맛을 살렸으며, 디저트 메뉴인 당근 케이크와 곁들이면 맛의 조화가 더욱 좋아 짝꿍 메뉴로 지속적인 사랑을 받고 있다.

2. Recipe Design 레시피 디자인

시장 조사를 거쳐 메뉴 트렌드와 타깃, 재료, 단가에 관한 정보를 대략적으로 수집했다면 이제는 매장 상황에 맞게 적용해 본격적인 메뉴 개발에 뛰어들 단계다. 레시피 디자인은 아이디어나 주제를 상권 특성과 타깃 대상에 맞게 설정하고 주요 재료를 선택해 비주얼과 맛을 구체화하는 과정으로 메뉴 개발의 핵심이 되는 부분이다.

❶ 핵심 아이디어 및 주제 정하기

평소 길거리 음식부터 일과 중 즐겨먹는 간식, 주변 사람들의 사소한 행동, 계절 변화 등을 주의 깊게 살피고 메뉴에 적용하면 아이디어 구체화에 도움이 된다. 제품 하나만 보기보다는 제품에 맞는 컨셉을 찾기 위해 생활 속에서 아이디어를 얻는 것이 특히 중요하다. 한편, 음료 메뉴는 필요한 재료를 갖추면 바로 시도해 볼 수 있으므로 아이디어가 떠오르면 일단 만들어 보는 것이 좋다. 매일 시장 조사를 하고 아이디어를 얻겠다는 마음을 가져야 한다. 가장 쉽게 접근할 수 있는 방법은 현재 운영하는 매장의 이미지를 메뉴에 결합시키는 것이다. 예를 들어 플라워 카페라면 식용 꽃을 활용한 시그니처 음료를 시도해 볼 수 있다.

❷ 주재료&부재료 선택

○ **재료에 대한 이해**

카페 메뉴는 여러 재료를 섞어 조화로운 맛을 이루는 것이 관건인 만큼 재료의 카테고리별 특징과 재료 간의 어울림을 이해하는 것이 중요하다. 예를 들어 오렌지와 같은 시트러스 계열의 과일은 귤, 자몽, 또는 파인애플, 딸기, 바나나, 코코넛 등 비슷한 계열의 재료를 활용해 향과 맛의 조화를 꾀하는 것이다. 가공 방식이 비슷한 것끼리 혼합하는 방법도 있다. 땅콩, 아몬드와 같은 너트류와 커피는 둘 다 씨앗을 볶은 것이고 고소한 향미가 비슷해 접근하기 쉬운 조합이다.

○ **유통 가능성**

일정 기간에만 판매하는 시즌 메뉴가 아닌 이상 아무리 재료가 특색 있다 하더라도 국내에서 구하기 어렵거나 계절을 많이 타는 재료는 피하는 것이 좋다. 시즌에 관계없이 꾸준히 내놓을 메뉴라면 수급이 원활한 재료를 우선적으로 선택해야 한다. 평소 수급에 문제가 없는 재료를 선택하더라도 만약의 경우를 대비해 해당 재료를 대체할 수 있는 비슷한 계통의 재료를 미리 알아둘 필요가 있다.

○ **제조 과정 및 동선**

커피와 우유를 활용한 베리에이션 음료나 커피가 들어가지 않는 논커피 메뉴를 개발할 때는 맛과 비주얼을 빛나게 해주는 부재료를 선택하는 것이 중요하다. 제조 과정의 단순화와 효율성을 고려한다면 시럽, 소스, 파우더 등 완성된 시판 제품을 활용하는 것도 방법이다.

○ **가격**

　　재료의 품질과 비용을 적정 수준에서 맞춰야 한다. 기본적으로 건강에 해로운 재료를 사용하고 있지 않은지 점검하되, 매장에 있는 재료를 최대한 활용할 수 있는 방안을 찾는 것이 좋다.

○ **재료의 양과 보관**

　　메뉴의 판매량과 재료의 특성을 파악해 생산량을 조절하는 것이 중요하며 동시에 일의 효율성을 고려해 한 번에 많은 양을 준비하고 활용할 수 있는 메뉴를 만드는 것도 염두에 둬야 한다. 시판용 제품은 유통기한을 수시로 확인하고 위생관리표를 만들어 관리하도록 한다.

○ **재료 간 조화**

　　커피를 사용할 수도, 사용하지 않을 수도 있다. 너무 어렵게 생각하지 말고 사용하고 싶은 주재료를 정하고 그 재료의 특징을 생각하면 된다. 시그니처 메뉴를 기획할 때 '이 재료는 어울리지 않을 거야'라고 단정짓는 태도는 버려야 한다. 다양한 재료가 섞여 전혀 새로운 맛이 탄생할 수 있다. 독특하고 새로운 맛을 우연히 발견할 수 있으니 시도를 주저하지 말자. 커피가 들어가는 메뉴는 커피향미를 해치지 않는 선에서 재료를 선정하도록 하자. 과일 음료의 경우, 파인애플, 딸기, 바나나, 코코넛 등 성격과 식감이 비슷한 재료를 골라 구성해 볼 수 있다.

· 재료에 따른 메뉴 구성 전략 ·

벨롱 에스프레소

2호선 건대입구역에서 조금 떨어진 주택가 골목에 자리한 벨롱 에스프레소는 젊은 감성과 정성 가득한 메뉴로 인근 대학교 학생들과 주민들의 사랑을 받는 곳이다. 벨롱 에스프레소에서는 제철 과일과 그때그때 사용할 수 있는 재료를 활용한다. 디저트 구성은 티라미수를 고정 메뉴로 하되 일정 주기로 변화를 주고 있으며, 음료는 과일과 허브, 부재료 등을 섞어 본연의 맛을 살리는 데 주력한다. 고정 메뉴인 귤에이드와 티라미수 외에 3개월 주기로 시즌 메뉴를 준비하며, 농장과 직접 거래해 일 년 내내 다양한 종류의 신선한 귤을 공급받아 계절마다 맛과 특징이 다른 귤에이드를 선보인다. 여름에는 청귤, 가을과 겨울에는 한라봉, 천혜향, 황금향을 사용하는 식이다. 부드럽고 촉촉한 질감과 부담스럽지 않은 단맛을 포인트로 하는 티라미수는 크림에만 약간 설탕을 넣고 무가당 초콜릿 파우더로 마무리해 지나친 단맛을 배제하고 재료의 풍미를 살린다.

카페 이미

다채롭고 완성도 높은 시그니처 메뉴로 소문난 홍대의 오랜 카페, 카페 이미는 메뉴 개발에 앞서 재료에 대한 이해를 최우선으로 삼는다.
커피 메뉴는 커피가 어떤 재료와 어울리는지, 커피와 원래 잘 어울리지 않는 재료는 어떻게 조화를 이루게 할 것인지 고민한다. 카페 이미는 기본적으로 원두를 열매의 씨앗을 볶은 시드 로스팅 seed roasting의 일종이라고 보고, 비슷한 공정을 통해 만들어진 초콜릿, 바닐라, 땅콩, 아몬드유 등의 재료를 많이 활용하는 편이다.
카페 이미의 대표 메뉴 중 하나인 오렌지 모카는 시트러스 계열의 과일인 오렌지와 강한 개성을 지닌 에스프레소를 혼합하는 데 중간재로 초콜릿을 활용한 사례다. 초콜릿은 원두와 마찬가지로 카카오를 로스팅해 만든데다, 특유의 산미가 시트러스 계열의 향미를 한층 더 발현시켜 오렌지와 에스프레소의 조화를 효과적으로 이끌어냈다.

· 베버리지아카데미 김영하 대표의 메뉴 개발 팁 ·

재료 자체가 곧 레시피 개발법
재료의 특성을 제대로 파악하고, 그것을 어떤 기술을 활용해 어떻게 다룰지 이해하면 메뉴 개발의 기본적인 틀이 나온다. 이후 수많은 재료 가운데 비슷한 성분을 지닌 재료를 매칭하고 가공법이 유사한 재료를 조합하기도 한다. 더불어 매장의 분위기, 음료를 만드는 사람과 마시는 사람의 상황까지 고려하면 하나의 음료가 완성된다. 이를 위해 과일, 곡류 등 다양한 원재료들을 찾아 각각의 특징을 분류하며 끊임없이 연구한다. 커피품종을 공부하는 것처럼 다른 재료의 품종에 대한 연구를 겸하면 재료 조합에 많은 도움을 얻을 수 있다. 예컨대 오렌지 주스를 만든다고 가정하면, 오렌지의 품종마다 맛이 다르고 착즙하는 방법, 보존하는 방법도 모두 다르다는 것을 인지해야 한다.

매장 동선과 메뉴 구성의 상관관계 고려
매장의 컨셉과 인테리어, 바 동선이 유기적으로 맞물렸을 때 완성도 있는 메뉴를 효율적으로 선보일 수 있다. 카페 장비는 메뉴 구성에 맞게 세팅해야 하는데, 대부분의 카페가 커피 메뉴 위주로 동선을 짜기 때문에 다른 음료를 만들 때 도구나 기기의 위치가 불편한 경우가 많다. 최근 들어 카페의 기타 음료 판매량이 계속 늘어나는 추세인 데다 논커피 메뉴는 커피에 비해 제조 시간도 길기 때문에 매장 동선을 짤 때부터 메뉴 컨셉을 고려할 필요가 있다.

카페 컨셉에 어울리는 레시피 개발
카페 컨셉에 초점을 맞춰 레시피의 독창성을 살리는 것도 좋은 방법이다. 예를 들어 베이커리 카페라면 직접 구운 초콜릿 쿠키를 분쇄해 초콜릿 음료의 베이스로 활용하는 등 같은 메뉴라도 레시피를 더 맛있게 만들 수 있는 폭이 일반 카페에 비해 넓은 편이다. 꼭 베이커리 카페가 아니라도 매장에서 쿠키를 구워 판매하는 카페라면 레시피를 확장하는 것이 훨씬 용이하고 재료의 차별화도 가능하다. 마찬가지로 과일이 컨셉인 카페는 주스, 에이드, 스무디 등의 과일 음료 판매량이 늘어날 가능성이 높다.

· 비라티오 커피 컴퍼니의 메뉴 개발 팁 ·

시그니처 메뉴를 개발할 때 중점을 두는 부분은?

시그니처 메뉴는 회사의 성격과 이미지를 표현할 수 있어야 한다고 본다. 하지만 현실적으로 부딪치는 문제와 고려해야 할 사항이 많다. 예를 들어 바리스타가 메뉴를 한 번 만드는 데 드는 시간, 맛의 편차를 최대한 줄이기 위한 재료를 수급하는 방법, 일괄적인 레시피를 적용하는 매뉴얼 짜기 등이다. 제조 시간을 조정하기 위해서는 베이스를 미리 만들어 두고 여러 부재료들을 음료 위에 얹히는 방식을 택하면 좋다. 그러면서 독특함을 더하는 것이다. 맛의 편차를 줄이는 것도 중요하다. 소셜 미디어에 노출된 메뉴 이미지를 보고 방문한 손님들은 기대치가 높을 수밖에 없다. 기대를 품고 온 고객을 만족시키지 못하면 재방문은 당연히 이어지지 않는다. 비주얼과 맛이 언제나 일정해야 한다.

전반적인 메뉴 개발 과정은?

직원 누구나 메뉴에 대한 구상이 떠오르거나 핫한 아이템을 발견하면 본점을 위주로 재빨리 개발 단계에 들어가는 편이다. 바리스타 팀과 베이커리 팀, 로스팅 팀, 기획팀, 디자인 팀이 나뉘어져 있으며 각 팀에서 메뉴 기획이나 제조 단계 중 특정 분야에 대해 모르는 부분이 있으면 다른 파트에 도움을 요청해 발전시키는 방식이다. 그렇게 초기 스케치를 진행한 다음, 제조 과정의 간소화나 균일한 맛과 퀄리티를 유지할 수 있는 방안을 고민한다. 바리스타 팀은 분기별로 메뉴 아이디어를 제출하는데 팀원 간 상의 후, 1차적으로 결정된 아이디어에 대해 필요한 부자재를 발주한다. 근무시간에 짬짬이 만들어 먹어보면서 형태를 구축해 나간 다음, 각 파트장과 대리급 직원이 모여 기술적인 측면에서 각자의 노하우와 의견을 전달한다. 최근에는 베이커리 팀에서 자주 사용하는 아이템을 끌어와 그것을 간소화시켜 음료 메뉴에 반영하는 과정이 많아졌다. 바리스타와 파티시에의 합작품이 많은 편이다. 이후 최종적으로 내부 직원들끼리 품평회와 시음회를 진행하고 가격을 책정한다. 처음부터 가격에 제약을 두면 나아갈 수 있는 방향성이 좁아지기 때문이다.

메뉴의 핵심 아이디어와 재료를 선정하는 기준은?

파인 다이닝에서부터 시작해 베이커리, 음료 등으로 차츰차츰 분야를 세분화하고 간소화하면서 아이템을 캐치한 다음, 그것을 대중에게 어떻게 전달해야 할지 고민하는 과정에서 아이디어가 많이 나오는 것 같다. 보통 그 해에 유행하는 식음료 업계의 아이템이 해외에서 흘러들어 오면 그것이 한국 시장에도 영향을 끼칠 것인지 고민하고, 대중에게 인식될 만한 것인지 점검한다. 너무 독특하고 생소한 것이라면 곤란하다. 국내 소비자 입맛과 인식에 합당한 재료를 선별해야 한다. 보통 바리스타 팀에서 베이커리 팀에 어떤 아이템이나 재료가 괜찮을지 조언을 구하면, 요즘 트렌드는 열대과일인 것 같은데 다른 베이스와 섞어보면 어떨지 가이드를 제시해 준다. 그러면 그것을 바탕으로 바리스타 팀에서 레시피에 자유롭게 변화를 주면서 개발한다. 끊임없는 의사소통이 필수적이다.

3. Making and Tasting 제조 및 테이스팅

메뉴 컨셉을 정하고 기본 재료와 디자인, 간략한 레시피까지 결정됐다면 이제는 직접 제조해 볼 차례다. 주재료와 부재료의 비율, 맛의 조화를 고려한 디자인, 맛과 비주얼을 부각시킬 수 있는 플레이팅 등을 고민하며 구체적인 이미지를 구축해 나간다.

❶ 테이스팅

○ **테이스팅 항목과 횟수**

레시피를 잡고 시연을 할 때 중요한 점은 계량과 맛의 기록이다. 음료는 재료의 양, 온도, 비율에 따라 맛의 변화가 크게 나타나기 때문이다. 다음으로 다섯 가지 요건을 기억한다. 첫째, 내가 생각하고 기획했던 맛이 나는가. 둘째, 커피와의 밸런스가 훌륭한가. 셋째, 사용하는 커피와 시너지 효과가 있는가. 넷째, 특정 재료가 다른 재료들의 맛을 해치지 않는가. 다섯째, 날카로운 신맛, 불쾌한 쓴맛과 같은 부정적인 맛이 있는가. 테이스팅 횟수를 따로 정하지 말고 최상의 맛을 찾을 때까지 최대한 많이 연습한다.

○ **맛의 강도 조절**

맛의 강도를 조절해 음료의 밸런스를 잡는 가장 기본적인 방법은 재료 본연의 맛과 특성을 정확히 인지하는 것이다. 또한 재료가 서로 어우러졌을 때 어떤 맛이 나는지 여러 번 테이스팅을 해보면서 부족한 부분과 과한 부분을 찾아 보완하는 것이 좋다.

❷ 시음회 및 품평회 진행

　　　　　시음회는 본격적으로 메뉴를 출시하기 전, 여러 사람들의 의견을 종합해 메뉴의 완성도를 높일 수 있는 기회다. 모든 사람의 입맛에 맞는 레시피를 찾는 일은 어렵지만 다양한 사람들의 입맛과 취향에 따라 어떤 부분을 취하고 어떤 부분을 버릴 것인지 메뉴 레시피의 기준을 설정할 수 있다. 매장 직원들끼리 내부적으로 자체평가를 진행한 다음, 단골손님이나 지인들을 대상으로 무료 시음 기회를 제공해 실소비자의 평가를 받아본다. 블라인드 테스트를 진행하는 것도 효과적인 방법이다. 이때 설문 항목은 적을수록 좋은데, 직관적인 평가가 가능하기 때문이다. 완성도가 높은 메뉴는 오히려 부연설명이 따로 필요없다. 시음자가 해당 메뉴를 맛봤을 때 특색이 잘 드러나는지, 장점과 단점은 무엇인지 충분히 이야기를 들어보는 시간을 가지는 것도 좋다.

❸ 레시피 매뉴얼 확정

　　　　　매장에 근무하는 바리스타라면 누구나 적용할 수 있는 공통의 매뉴얼을 갖춰 일관된 맛을 유지해야 한다. 매뉴얼이 있으면 직원 교육에도 활용할 수 있다는 장점이 있다. 메뉴를 제조할 때 비커, 지거, 계량저울 등 계량 도구를 활용해 정확한 양을 지키는 것이 좋지만 혼잡한 시간대에는 일일이 계량 도구를 사용하기가 힘들기 때문에 표본으로 삼을 만한 도구를 하나 정하기도 한다. 작은 플라스틱 컵을 5g, 10g 단위로 사용하면 편리하다.

4. Naming 네이밍

메뉴의 이름은 주로 재료, 비주얼, 식감 등 음료가 가진 특징이나 카페 이름에서 영감을 얻는 경우가 많다. 그밖에 해당 메뉴와 카페의 정체성을 보여주는 아티스트, 소설, 영화 등 예술적 소재에서 이름을 따오거나 최신 이슈와 키워드를 차용한 이름으로 공감대를 형성하기도 한다. 토탈 음료 전문가로 활동하고 있는 베버리지아카데미 김영하 대표는 "시그니처 메뉴는 카페를 대표하는 간판 메뉴인 만큼 지나치게 가볍고 장난스러운 이름이나 본질을 왜곡하는 과장된 이름보다 적당히 무게감 있고 직관적이며, 부르기 편한 이름이 바람직하다"고 조언한다.

메뉴명은 기본적으로 '오렌지 주스'나 '딸기 스무디'처럼 음료에 들어가는 재료와 제조 방법을 나타내주는 것이 대부분이다. 어떤 종류의 음료이고 주재료가 무엇인지 바로 파악할 수 있는 이름이 좋은 이유는 이름만 들어도 누구나 그 메뉴가 어떤 메뉴인지 금방 유추할 수 있고, 선택하기 쉽기 때문이다.

하지만 시그니처 메뉴는 좀 더 차별화를 두기 위해 음료의 종류나 주재료 중 하나를 다른 느낌으로 변형하곤 하는데, 예를 들어 오렌지 시럽이 들어간 카페라떼를 단순히 '오렌지 라떼'가 아니라 이태리어로 흰색을 뜻하는, 즉 우유가 연상되는 '비앙코bianco'라는 단어를 사용해 '오렌지 비앙코'로 부르는 식이다. 비슷한 예로 오미자청으로 만든 에이드를 붉은색에 초점을 맞춰 '오미자 에이드'가 아닌 '레드 에이드'로 부를 수도 있다. 이 경우 재료와 제조 방법을 그대로 이름에 썼을 때보다 전달력은 다소 떨어지지만 고유성을 갖는다는 장점이 있다. 물론 이러한 이름은 고객이 인지하기까지 어느 정도 시간이 걸리고 적극적인 홍보도 필요하지만 일단 한번 인식되면 시그니처 메뉴로 확실히 자리잡을 수 있다.

5. Menu Board 메뉴판

　　　　　　카페의 디테일을 눈여겨 보는 손님이 늘어나면서 메뉴판 하나도 공들여 만들어야 하는 시대가 되었다. 메뉴판은 카페 운영이 시작됨과 동시에 존재하는데, 어떠한 형태로 제작하든 처음에 생각했던 메뉴 구성이 오픈 후 고객 반응에 따라 달라질 수 있다는 점을 염두에 두어야 한다. 많은 카페들이 가오픈 기간을 두고 간소하게 운영했다가 정식 오픈에 맞춰 제대로 된 메뉴판을 갖추는 것도 이러한 이유에서다.

　　　　　　새로운 시그니처 메뉴를 개발하거나 디저트 메뉴를 추가하는 등 메뉴 변동이 잦을 계획이라면 카페 운영 방향을 고려해 손쉽게 바꿀 수 있는 형태의 메뉴판을 선택하는 것이 효율적이다. 신메뉴가 나오면 홍보물을 만들어 쇼케이스나 카운터 위에 올려 두는 것도 전달력을 높이는 효과적인 홍보 방법이다.

　　　　　　메뉴판 디자인은 카페의 전체적인 느낌과 어긋나지 않게 통일감 있게 가져가는 것이 좋다. 최근 들어 거울, 전자 메뉴판, 롤 페이퍼, 캔버스, 칠판, 나무 등 각기 다른 특색을 지닌 메뉴판이 인기를 끌고 있지만, 가독성 측면에서 메뉴판 본연의 역할에 충실할 필요가 있다. 적어도 손님들이 메뉴를 읽기 위해 눈살을 찌푸리는 일은 없어야겠다.

6. Competition Recipe 대회 레시피

카페 메뉴는 판매를 목적으로 하기 때문에 소비자의 구매 욕구와 매장의 실질적인 운영 상황을 고려해 맛과 비주얼, 단가와 수급의 지속성 등을 따져 재료를 선별하고 레시피를 고안해야 한다. 하지만 바리스타 대회는 바리스타가 커피향미에 대한 전문적인 이해를 바탕으로 에스프레소를 추출하고 다양한 베리에이션 음료와 창의적인 시그니처 메뉴를 제조하여 시연과 프레젠테이션을 통해 자신의 커피를 소개한다.

❶ 대회 레시피의 특징

대회 레시피는 우선 대회 심사기준에 부합해야 하며, 사용하는 원두 고유의 캐릭터를 제대로 이해해야 한다. 원두 본연의 향미를 이끌어내면서 이에 어울리는 부재료를 찾아 맛의 밸런스를 갖추고, 음료가 입에 닿았을 때의 촉감, 전체적인 식감, 비주얼을 표현하기에 알맞은 형태의 잔을 선택한다.

❷ 대회 레시피 개발 과정

바리스타 대회에서 사용하는 원두는 지정되어 있는 경우와 바리스타가 직접 준비해야 하는 경우 두 가지로 나뉜다. 공식 원두가 있다면 해당 커피의 맛과 향의 특징을 명확하게 파악해 원두의 개성을 극대화시키면서 차별화를 시도해야 한다. 원두를 바리스타가 직접 준비하는 경우에도 커피와 어울리는 추출방법, 재료를 선택한다. 시그니처 메뉴가 상품화되었을 때를 생각해 재료비, 제조 과정의 난이도, 제조 시간 등을 고려해도 좋다. 한편, 잔을 선택할 때는 음료의 담음새뿐만 아니라 마실 때의 식감도 반영해야 한다. 예를 들어 생크림과 같이 점도가 높은 재료가 음료 위에 토핑되어 있는 경우, 잔의 상부가 좁고 하부로 갈수록 넓어지는 잔이면 음료를 마실 때 크림 아래의 음료가 새는 것을 방지할 수 있다. 그러나 크림 아래의 음료가 크림과 함께 올라와 입안에서 균형감 있게 어우러져야 하는 메뉴라면 잘못된 선택이라고 할 수 있다.

❸ 스토리텔링

대회 레시피를 완성하고 시연 스크립트를 작성할 때는 시연할 메뉴에 대한 정보를 최대한 쉽고 자세하게 서술해야 한다. 이는 심사위원에게 효과적으로 전달하기 위한 목적이기도 하지만, 맛을 보지 못하는 관객을 배려해 메뉴에 대한 정보를 듣고 보는 것만으로도 맛을 상상하고 궁금증을 유발하기 위함이다. 또한 스크립트상의 정보와 실제 선보인 메뉴에 대한 정보가 일치해야 하며, 작업 동선과 제조 시간을 따져가며 대회 전까지 내용을 꼼꼼히 체크해야 한다.

❹ 시연 팁

바 안에서 커피를 서비스하는 바리스타의 모습을 무대 위 배우로 묘사하는 경우가 종종 있다. 이는 겉치레에 불과하지 않고 시연의 전문성이 몸에 배어 있어야 한다는 뜻이다. 대회장에서는 특히 에스프레소를 추출하거나 재료를 손질하거나 음료를 잔에 담는 동작을 하더라도 움직임을 조금 더 크게 하고, 위트 있는 멘트를 더하면 사람들에게 각인되기 쉽다.

· 2015 월드커피인굿스피릿챔피언십 국가대표 현상무 바리스타 인터뷰 ·

커피인굿스피릿 대회는 아이리시 위스키를 활용한 커피 칵테일을 선보이는 대회다. 2015 월드커피인굿스피릿챔피언십World Coffee In Good Spirit Championship, WCIGSC에서 5위를 수상한 마리스 커피 현상무 대표의 대회 메뉴 개발 과정을 전한다.

대회 레시피의 특징
대회 당시 코스타리카 커피를 사용해 산미 톤을 다운시키고 미디엄 바디와 단맛을 높이는 데 주력했다. 에어로프레스로 커피의 양을 늘려 커피향이 조금 더 진하게 나도록 추출했으며, 더욱 풍부한 플레이버를 생각해 마라스키노 리큐르를, 음료의 밸런스를 위해 시나몬 시럽을 넣고 농도가 약간 짙은 음료를 완성했다. 한편, 따뜻한 음료이기 때문에 훈기를 느낄 수 있는 장치를 취했다. 바로 훈연방식으로 시나몬 스틱의 향을 잔에 가둔 것이다. 완성된 음료는 시나몬 향을 충분히 느낄 수 있고 풍부한 바디감이 돋보이는 음료였다.

대회 메뉴 개발 과정
우선 커피와 스피릿의 밸런스를 어떻게 맞출 것인가에 초점을 맞추고 원두의 로스팅 포인트를 잡는 데 집중했다. 소비자 시선에서 음료를 바라보고 마실 때를 상상하며 스토리를 구상했다. 오랜 시간 바텐더로 일했던 경험을 살려 관련 기술을 접목시키고 잔과 플레이팅, 플레이버 하나하나 모두 완벽하게 조화를 이루는 음료를 만들기 위해 노력했다. 그간 열렸던 대회 영상을 빠짐없이 보고, 심사 시트를 분석하면서 이미지 트레이닝을 했던 게 많은 도움이 되었다.

시연 스크립트 작성 과정 및 시연 노하우
시연은 선수들이 가장 어려워 하는 항목 중 하나다. 커피를 선택하고 로스팅 방법, 분쇄도 등 많은 정보를 익히고 훈련해야 합니다. 로스팅과 커핑을 최대한 많이 해보면서 로스팅 포인트와 컵 노트를 기록했고 스크립트와 작업동선을 맞추는 데도 역시나 반복훈련이 제일 중요했던 것 같다. '과연 내가 관객이고 소비자였을 때 저 음료를 마셔 보고 싶은 마음이 들까'라는 생각을 항상 했기 때문에 보는 사람이 즐거워 할 수 있는 무엇인가를 찾게 되었다. 그래서 음료의 비주얼과 테크닉적인 부분에 더욱 신경 써서 시연을 했다.

· KBC 수상자 레시피 ·

2003년부터 수많은 프로페셔널 바리스타를 발굴한 한국바리스타챔피언십Korea Barista Championship, KBC은 에스프레소를 기반으로 다양한 커피 메뉴를 제조하는 대회다. 지난 3년 간 상위권에 오른 바리스타들의 시그니처 음료 레시피를 소개한다.

2018 제15회 KBC 1위 김혜지 바리스타의 창작 메뉴

PRIMO BACIO

프리모 바치오

달콤한 샤인머스캣과 리치 주스, 향긋한 시소잎이 주재료인 김혜지 바리스타의 시그니처 메뉴 '프리모 바치오'. 이탈리아어로 '첫 키스'를 뜻하는 프리모 바치오는 그 뜻처럼 기분 좋은 설렘을 선사한다.

Ingredient

- 샤인머스캣 55g
- 시소잎 1/2장
- 백설탕 2g
- 리치 주스 36g
- 얼음
- 케냐 핸디지 AA 에스프레소 27.5g(원두량 18.5g)

Recipe

1. 계량컵에 샤인머스캣과 시소잎, 백설탕을 넣고 머들러로 으깬다.
2. ①에 리치 주스를 붓고 섞은 다음, 잔에 스트레이너로 거르면서 붓는다.
3. 셰이커에 칠링한 에스프레소를 붓고, 얼음을 넣은 다음 셰이킹한다.
4. ②에 ③을 한 번 더 스트레이너로 거르면서 붓는다.

Point

- 시소잎은 향이 강한 허브로 다소 생소한 재료지만, 특유의 장미향이 샤인머스캣, 리치 주스와 만나면 엘더플라워의 플로럴floral한 향미를 끌어낼 수 있다.
- 에스프레소를 칠링하면 음료의 향을 잡아둘 수 있고, 맛도 더욱 깔끔해진다.
- 머들링을 하면 음료에 채소의 쌉싸름한 맛이 남는 것을 해결할 수 있다.

출처 "KBC 레시피", <월간Coffee> 제206호, 2019년 2월

2016 제14회 KBC 1위 최정민 바리스타의 창작 메뉴

ALL THAT TASTY
올 댓 테이스티

엔자이메틱enzymatinc부터 슈가 브라우닝sugar browning까지 맛의 넓은 스펙트럼을 한 잔에 담아낸 올 댓 테이스티는 다채로운 맛과 향이 인상적이다. 직접 블렌딩한 필 쏘 굿Feel So Good 블렌드는 피치, 블루베리, 캐러멜의 플레이버와 카카오의 쓴맛, 바닐라 크림의 부드러운 마우스필을 느낄 수 있으며, 미디엄 바디와 길게 지속되는 여운이 특징이다.

Ingredient

- 필 쏘 굿 블렌드(에티오피아 시다모 워카 G.1 50%, 콜롬비아 후일라 부에나비스타 25%, 에티오피아 호라이즌 두예나 G.3 25%) 에스프레소 2샷 60g
- 백향과 청 40g
- 얼음 2개
- 과일 크림

Recipe

1. 셰이커에 에스프레소와 백향과 청, 얼음을 넣고 흔든 다음 잔에 따른다.
2. ①에 과일 크림을 올린다. 이때는 스푼을 잔에 대고 그 위로 크림을 부어 음료의 층을 만든다.

백향과 청 제조법

- 패션후르츠 즙 25g
- 설탕 시럽 15g

1. 계량컵에 패션후르츠 즙과 설탕 시럽을 붓고 반나절 정도 보관한다. 보관 시간이 하루를 넘어가면 산미가 지나치게 강해지기 때문에 유의해야 한다.

과일 크림 제조법

- 망고 10g
- 아보카도 10g
- 휘핑크림 25g
- 우유 15g
- 블루큐라소 시럽 12g

1. 블렌더에 모든 재료를 넣고 간다.

Point

- 패션후르츠는 100가지의 맛과 향이 있다고 해서 '백향과'라고도 불린다. 산뜻한 맛이 특징이지만 에스프레소와 만나면 산미가 지나치게 강해져서 과일 크림을 곁들여 맛을 보완했다.
- 망고와 아보카도는 커피와 잘 어울리는 열대과일이다. 이를 부드러운 크림으로 만들어 음료 위에 올리면 음료의 산미는 낮아지고, 바디감은 살아난다.
- 음료를 마실 때는 충분히 저은 후 크게 세 모금으로 나눠 마시면 풍부한 마우스 필과 다채로운 향을 느낄 수 있다.

2016 제14회 KBC 파이널리스트 김덕아 바리스타의 창작 메뉴

BERRY BLOSSOM
베리 블러썸

3

베리 블러썸은 연분홍빛 벚꽃 크림과 달콤한 베리 시럽으로 산뜻한 봄의 기운을 전한다.
라잔트 블렌드는 과일의 묵직한 맛을 느낄 수 있는 콜롬비아에 고소한 아로마와 긴 여운이 특징인 과테말라,
적당한 쓴맛을 가진 탄자니아가 조화롭게 어우러지며 살구의 산미와 아몬드 향, 카카오닙스의 달콤쌉쌀함,
캐러멜의 여운이 인상적이다.

Ingredient (4잔 분량)

- 라잔트 블렌드(콜롬비아 후일라 부에나비스타 40%, 과테말라 SHB 핀카 엘 카스카잘 30%, 탄자니아 AAA 아멕스 플러스 음빙가 30%) 에스프레소 4샷
- 베리 시럽 60g
- 벚꽃 크림 20g
- 벚꽃 아로마

Recipe

1. 휘핑기에 에스프레소와 따뜻하게 데운 베리 시럽을 붓고, 질소가스를 장착한다.
2. 잔에 살짝 데운 벚꽃 크림을 붓는다.
3. ①을 잘 흔든 다음 ②에 올린다.
4. ③에 아로마 디퓨저로 벚꽃 아로마를 만들어 첨가한다.

베리 시럽 제조법

- 크랜베리 주스 50g
- 블랙베리 주스 50g
- 설탕 시럽 50g
- 딸기 20g
- 블루베리 20g

1. 냄비에 모든 재료를 넣고 끓인다. 이때는 전체 분량이 반으로 줄어들 때까지 졸이면 된다.

벚꽃 크림 제조법

- 딸기크림치즈 30g
- 생크림 30g
- 우유 30g
- 벚꽃 티 10g
- 벚꽃 꿀 10g

1. 계량컵에 딸기크림치즈와 생크림, 우유를 붓고 섞는다. 이때는 일반 크림치즈를 사용하면 떫은맛이 나므로 좀 더 부드러운 딸기크림치즈를 사용한다.
2. ①에 벚꽃 티와 벚꽃 꿀을 넣고 섞는다. 이때는 너무 묽지도, 되지도 않은 적절한 농도를 잡는 것이 중요하다.

Point

- 다양한 종류의 베리를 활용했기 때문에 음료를 마시면 풍선껌을 씹을 때처럼 입안 가득 퍼지는 베리의 맛과 향을 느낄 수 있다.
- 풍부한 아로마를 첨가하기 위해 아로마 디퓨저 가습기를 이용했다. 벚꽃 티를 우려낸 물을 디퓨저에 넣고, 입구에서 뿜어져 나오는 벚꽃향 증기를 잔에 담아 제공하면 된다. 이때는 아로마가 너무 가벼워 금방 날아가기 때문에 재빠르게 서빙하는 것이 관건이다.
- 음료를 제조할 때는 40℃를 유지하는데, 이 온도가 향을 음미하며 마시기에 딱 좋다.

출처 "KBC 레시피", 〈월간Coffee〉 제183호, 2017년 3월

2016 제14회 KBC 파이널리스트 박하정 바리스타의 창작 메뉴

RAVIE NUAGE

하비누아주

'행복한 구름'이라는 뜻을 가진 하비누아주. 하비누아주를 마시면 첫 모금에서는 묵직하게 느껴지는 자두의 단맛과 크리미한 텍스처가, 두 번째 모금에서는 핵과류의 플레이버가, 그리고 세 번째 모금에서는 천도복숭아의 시트러스 향미와 바닐라 아이스크림을 먹은 듯한 여운이 남는다. 조이빈Joybean 블렌드는 풍부한 향미와 단맛이 적절한 밸런스를 이루는데, 볶은 땅콩의 아로마에 자두의 산미, 브라운 슈가의 달콤함이 인상적이고, 달콤쌉쌀한 초콜릿 같은 복합적인 맛도 느낄 수 있다.

Ingredient (1잔 분량)

- 조이빈 블렌드(콜롬비아 후일라 부에나비스타 50%
  과테말라 SHB 핀카 엘 카스카잘 40%
  에티오피아 시다모 워카 G.1 10%)
  에스프레소 1샷
- 피치 아카시아 티 20g
- 자두 청 15g
- 바닐라 에센스 1방울
- 원형 얼음 1개

Recipe

1. 블렌더에 얼음을 제외한 모든 재료를 넣고, 빠른 시간 안에 간다.
2. 잔에 원형 얼음을 넣고, ①을 붓는다.

피치 아카시아 티 제조법

- 물 120g
- 복숭아 티 2g
- 아카시아 꽃잎 1g

1. 계량컵에 물을 붓고, 복숭아 티와 아카시아 꽃잎을 넣은 다음 6시간 동안 냉침한다.

자두 청 제조법

- 자두
- 설탕
- 엘더플라워 1g

1. 유리병에 자두와 설탕을 1:1 비율로 넣고 상온에서 하루 정도 숙성시킨다.
2. 냄비에 ①을 100g 정도 덜어 넣고 가열한다.
3. ②에 엘더플라워를 넣고 숙성시킨다.

Point

- 아카시아 꽃잎은 음료의 아로마를 풍부하게 만들며 입안 가득 꽃향기를 남긴다. 복숭아 티는 시트러스 향미를 더하는 역할을 하는데, 뜨거운 물에 우릴 경우 쓴맛과 떫은맛이 날 수 있으므로 반드시 차가운 물에 우린다.
- 음료의 전체적인 플레이버를 향상시키고자 자두 청을 활용했는데, 엘더플라워를 첨가함으로써 직접 블렌딩한 커피의 특징인 핵과류 향미를 극대화했다.
- 각기 다른 느낌의 거품층을 유지하기 위해 큰 원형 얼음을 사용했다.

2016 제14회 KBC 파이널리스트 하청비 바리스타의 창작 메뉴

PERMEATE
스며들다

풍부한 향에 부드러운 텍스처가 돋보이는 스며들다는 '맛의 조화에 자연스레 스며들다'라는 뜻을 담았다. 블렌드에 사용된 원두들은 서로 긍정적인 시너지를 발휘하는 데 중점을 두었으며 잘 익은 탠저린의 산미와 브라운 슈가의 달콤함을 즐길 수 있고 애프터테이스트에서는 달고나 특유의 향미를 느낄 수 있다.

Ingredient (4잔 분량)

- 빠져들다 블렌드
 (콜롬비아 워시드 80%
 과테말라 워시드 20%)
 에스프레소 2샷 70g
- 콜드브루 커피 80g
- 배 시럽 50g
- 시나몬 시럽 60g
- 동물성 크림 12g
- 오렌지 필 약간

Recipe

1. 믹서에 칠링한 에스프레소와 콜드브루 커피, 배 시럽, 시나몬 시럽을 붓고 섞는다.
2. 잔에 동물성 크림을 붓고, 잔의 입구 부분에 오렌지 필을 묻힌다.
3. ②에 ①을 붓는다.

배 시럽 제조법
- 배 주스 250g
- 유기농 설탕 32g
- 시나몬 스틱 2개

1. 냄비에 모든 재료를 넣고, 약한 불에서 끓인 다음 식힌다.
2. 보관통에 ①을 옮겨 붓고, 냉장고에 넣어 이틀 동안 숙성시킨다.

Point

- 커피의 플레이버를 강하게 전달하기 위해 에스프레소에 10시간 동안 추출한 콜드브루 커피를 더했다.
- 설탕과 함께 가열한 배 시럽의 묵직하고 깊은 단맛은 음료의 향미를 완성하는 중요한 역할을 한다. 시럽에 첨가된 시나몬 향은 평범해질 수 있는 맛에 개성을 더한다.
- 두 종류의 시럽이 들어가 자칫 무거운 단맛만 느껴질 수 있어서 좀 더 가벼운 느낌의 오렌지 향미를 더했다. 오렌지 필을 음료에 직접 첨가하면 밸런스가 무너지기 때문에 잔 입구에 묻히는 방법을 써서 오렌지 캐러멜 같은 맛을 냈다.

2016 제14회 KBC 파이널리스트 김하영 바리스타의 창작 메뉴

VARIADO

바리아도

바리아도는 에스프레소에서 느껴지는 커피향미를 극대화하고자 만든 메뉴로, 카르디아Cardia 블렌드는 미디엄 바디의 커피에서 느낄 수 있는 블랙베리, 살구, 브라운 슈가, 달콤쌉쌀한 카카오가 돋보이는 컵 노트를 지녔다. 최종 완성된 바리아도는 핵과류의 묵직한 산미와 단맛이 특징이고, 애프터테이스트에서는 카카오 향미를 느낄 수 있다. 또한 목넘김이 매끄럽고, 마우스 필 또한 부드러워 누가nougat와 같은 여운이 오래 지속된다.

Ingredient (4잔 분량)

- 카르디아 블렌드
  (콜롬비아 퀸디오 라 모렐리아 40%
  과테말라 SHB 핀카 엘 카스카잘 40%
  탄자니아 AAA 아멕스 플러스 음빙가 20%)
  에스프레소 4샷
- 피치망고 티 시럽 30g
- 카카오 티 시럽 30g
- 얼음 60g
- 무알콜 맥주(과일향이 가득한 것) 40g

Recipe

1. 블렌더에 칠링한 에스프레소와 피치망고 티 시럽, 카카오 티 시럽, 얼음을 넣고 간다.

피치망고 티 시럽 제조법

- 물 400g
- 피치망고 티 10g
- 유기농 설탕 200g

1. 계량컵에 90℃의 물과 피치망고 티를 넣고 충분히 우린 다음, 체로 거른다.
2. 냄비에 ①을 옮겨 붓고, 유기농 설탕을 넣은 다음 90℃에서 졸인다.

카카오 티 시럽 제조법

- 물 400g
- 카카오닙스 10g
- 유기농 설탕 200g

1. 계량컵에 90℃의 물과 카카오닙스를 넣고 우린 다음, 체로 거른다.
2. 냄비에 ①을 옮겨 붓고, 유기농 설탕을 넣은 다음 90℃에서 졸인다.

Point

- 음료 맛의 차별화를 위해 쌉쌀한 몰트의 향미와 과일향이 풍부한 무알콜 맥주를 곁들인다. 스파클링한 마우스필은 음료의 또 다른 매력 포인트가 된다.
- 잔을 충분히 흔들어 마시면 풍부하고 크리미한 식감을 더 깊게 느낄 수 있다.

2016 제14회 KBC 파이널리스트 오경석 바리스타의 창작 메뉴

VIN
빈

내추럴 커피의 향미를 좋아하는 오경석 바리스타는 자신의 블렌드를 커핑하며 떠오르는 재료들을 창작 메뉴에 활용했다. 빈은 베리류의 향미가 특징이며, 묵직한 바디감과 다크 초콜릿의 깊은 여운이 인상적인 음료이다. 아베크 아로마Avec Aroma 블렌드는 평소 선호하던 밸런스가 잘 잡힌 밝은 산미를 컨셉으로 잡았다. 과테말라의 단맛을 중심으로 다채롭고 풍부한 향미가 인상적인 에티오피아와 콜롬비아 내추럴을 블렌딩해, 뛰어난 단맛과 밝고 화려한 플레이버를 느낄 수 있다.

Ingredient (4잔 분량)

- 아베크 아로마 블렌드
  (과테말라 SHB 핀카 엘 카스카잘 40%
  콜롬비아 퀸디오 라 모렐리아 30%
  에티오피아 호라이즌 두예나 G3 30%)
  에스프레소
- 베리 하모니 시럽 50g
- 포도 효소 15g
- 꿀 15g
- 베리 아로마

베리 하모니 시럽 제조법
- 블루베리
- 라즈베리
- 크랜베리
- 레몬
1. 모든 재료를 착즙한 다음, 냄비에 넣고 끓여 농축액을 만든다.
2. 보관통에 ①을 옮겨 붓고, 냉장고에 넣어 하루 정도 숙성시킨다.

포도 효소 제조법
- 포도
- 자일로스 설탕
1. 포도를 착즙한 다음 자일로스 설탕을 섞는다.
2. 보관통에 ①을 옮겨 붓고, 냉장고에 넣어 하루 정도 숙성시킨다.

Recipe

1. 블렌더에 칠링한 에스프레소와 베리 하모니 시럽, 포도 효소, 꿀을 넣고 간다.
2. 잔에 ①을 붓고, 베리 아로마를 넣는다.

Point

- 베리 아로마는 향미를 극대화시켜 미각, 후각, 시각 모두 만족할 수 있는 방법을 고민하다 선택했다.
- 빈은 음료와 그 위를 넘실대는 아로마를 음미하며 두 번에 나눠 마시는 것이 좋다. 첫 모금에서는 베리블러썸의 아로마와 함께 실키한 텍스처를, 두 번째 모금에서는 베리, 사과, 자두의 플레이버와 더불어 샹그리아 같은 애프터테이스트를 느낄 수 있다.

베리 아로마 제조법
- 물 150g
- 베리블러썸 티 20g
- 드라이아이스
1. 계량컵에 물을 붓고, 베리블러썸 티를 넣고 우린다.
2. ①에 드라이아이스를 넣는다.

출처: "KBC 레시피", <월간Coffee> 제187호, 2017년 7월

· 대회 준비팁 ·

Tip
1) 커피에 국한되지 말고 주스나 칵테일 등 다양한 음료와 관련 서적을 참고하며 폭넓게 공부하자.
2) 경연 룰을 완벽히 이해하자.
3) 프레젠테이션을 몸에 익힐 정도로 최대한 많이 연습해 실전에서 실수하지 않도록 하자.
Tip

Part 4.

Signature Coffee Recipe

SIGNATURE
MENU RECIPE

시그니처
메뉴 레시피

시그니처 커피 레시피

1. Basic Recipes
2. Special Ingredient Recipes
3. Creative Recipes
4. Visual Recipes
5. Unusual Recipes
6. Concept Recipes

1-1
VANILLA CREAM LATTE

SNUG ROASTERY

바닐라 크림 라떼 / 스너그 로스터리

스너그 로스터리는 2017 월드컵테이스터스챔피언십 World Cup Tasters Championship, WCTC에서 5위에 입상한 손재현 바리스타가 운영하는 곳으로, 이곳의 시그니처 메뉴는 바닐라 크림 라떼다. 얼핏 보면 바닐라 라떼에 단순히 크림만 올린 메뉴처럼 보이지만, 스너그 로스터리의 바닐라 크림 라떼는 바닐라 시럽을 직접 만들어 사용하는 것이 특징이며 바닐라 익스트랙트도 넣어 차별화를 두었다. 기본에 충실하면서 재료 본연의 맛까지 추가한 음료에서는 한층 깊고 진한 바닐라의 풍미를 느낄 수 있다.

Basic Recipes

기본

1

2

3

4

5

6

Ingredient

- 우유 85g
- 생크림 35g
- 설탕 8g
- 바닐라 익스트랙트 4~5방울
- 수제 바닐라 시럽 5g
- 에스프레소 2샷 20g(원두량 19.5g)
- 얼음 45g

Recipe

1. 계량컵에 우유 10g과 생크림을 붓고, 설탕과 바닐라 익스트랙트를 넣는다.
2. ①을 전동 거품기로 섞는다. 이때는 거품기를 들어 올렸을 때 크림이 물처럼 흐르지 않을 때까지 섞는다.
3. 샷글라스에 수제 바닐라 시럽을 붓고, 그 위에 에스프레소를 추출한다.
4. 잔에 얼음을 넣는다.
5. ④에 남은 우유와 ③을 붓고 섞는다. 이때는 재료들을 잘 섞어야 완성된 음료에서 크림과 커피의 층이 뚜렷하게 구분된다.
6. ⑤에 ②를 붓는다.

스너그 로스터리
경기도 광명시 철산로29번길 7
Instagram @snugroastery

1-2
CINNAMON DRY CAPPUCCINO
TEYANG COFFEE

시나몬 드라이 카푸치노 / 태양 커피

시나몬 드라이 카푸치노는 부드러운 웻 카푸치노를 선호하고 시나몬 파우더를 즐기지 않는 요즘의 트렌드와는 거리가 멀어 호불호가 명확히 나뉘는 메뉴. 게다가 음료를 제조하는 시간도 오래 걸린다. 그만큼 진입 장벽이 높은 메뉴지만 한 번 그 맛을 본 손님들은 꾸준히 시나몬 드라이 카푸치노를 찾는다. 입자가 거친 우유거품이 드라이 카푸치노의 핵심인 만큼 시나몬 드라이 카푸치노를 마실 때는 우유거품과 커피를 섞지 말고, 스푼으로 우유거품을 떠먹거나 입으로 거품을 베어 먹는 재미를 느끼며 마시는 것을 추천한다.

Basic Recipes

기본

Ingredient

- 에스프레소 1샷 20~30g(원두량 10g)
- 우유 250g
- 시나몬 파우더 10g

Recipe

1. 잔에 에스프레소를 추출한다.
2. 스팀피처에 우유를 붓고 스티밍한다. 이때는 평소 스티밍할 때보다 공기를 주입하는 횟수를 늘려 우유거품을 많이 만든다.
3. ①에 ②의 우유거품을 넓적한 스푼으로 떠서 올린다. 이때는 스티밍을 마친 우유거품을 바로 올려야 우유거품의 모양이 잘 유지된다.
4. 스팀밀크와 우유거품이 분리될 때까지 2~3분 정도 그대로 둔다.
5. ④에 남은 스팀밀크를 잔 중앙으로 붓는다. 이때는 잔 위로 우유거품이 1~2㎝ 정도 올라올 때까지 붓는다.
6. 바스푼으로 ⑤의 표면을 살짝 다듬고, 시나몬 파우더를 뿌린다. 이때는 설탕이 코팅된 시나몬 파우더가 음료에 단맛을 더하는 역할을 하기 때문에 음료 전체에 골고루 많이 뿌린다.

🏠 태양 커피
서울시 서초구 서초대로25길 55
Instagram @teyangcoffee

1-3
MAUPASSANT VIENNA
MAUPASSANT

☕ 모파상 비엔나 / 🏠 모파상

☕ 모파상 비엔나를 제조할 때는 비엔나 크림을 만드는 단계가 가장 중요하다. 비엔나 크림은 네 가지 생크림을 적절한 비율로 섞어 만드는데, 우선 크림의 점도를 고려해 유분함량이 높은 생크림을 하나 선택하고 그 다음에는 우유의 풍미가 좋은 생크림과 산뜻한 느낌이 돋보이는 생크림을 1:1 비율로 섞어 넣는다. 마지막으로 크림의 질감을 묵직하게 만드는 프랑스산 생크림을 섞는다. 크림을 올려 완성한 모파상 비엔나는 빨대나 스푼을 사용하지 않고, 크림이 코에 닿을 정도로 깊이 들이마셔 입안에서 크림과 커피를 동시에 느끼면 된다.

Basic Recipes
기본

Ingredient

- 얼음 90g
- 비엔나 시럽 90g
- 에스프레소 1샷 23g(원두량 23g)
- 비엔나 크림 80g

비엔나 시럽 제조법(9잔 분량)

- 꿀 100g
- 물 750g
- 소금 약간

1. 보관통에 꿀과 물을 붓고, 소금을 넣은 다음 섞는다.
2. ①을 냉장고에 넣어 보관한다.

Recipe

1. 차갑게 칠링한 잔에 얼음을 넣고, 비엔나 시럽을 붓는다.
2. 샷글라스에 에스프레소를 추출한다.
3. ①에 에스프레소를 붓고 섞는다.
4. 계량컵에 비엔나 크림을 붓고 핸드 믹서로 섞는다. 이때는 믹서를 들어 올렸을 때 믹서 끝에 모인 크림이 오십원짜리 동전이 들어갈 만한 크기의 삼각형을 이룰 때까지 섞는다.
5. ③에 ④를 넓적한 스푼으로 떠서 잔 안쪽 벽면을 따라 올린다.

모파상
서울시 마포구 양화로19길 22-13
Instagram @maupassant_cafe

1-4
IRISH COFFEE
QUENCH COFFEE

☕ 아이리시 커피 / 🏠 퀜치 커피

퀜치 커피는 여러 종류의 위스키를 갖춰 놓고 그중 하나를 선택해서 아이리시 커피를 만든다. 위스키 라인업은 때에 따라 변동이 있는데, 주로 꿀과 열대과일의 느낌이 강하고 부드러운 싱글 몰트 위스키를 사용하며, 훈연향이 진하고 자극적인 향미를 원하는 손님들에게는 그와 어울리는 위스키를 골라 제공한다. 위스키와 커피, 크림의 비율은 철저히 잔의 모양새에 맞췄는데, 미국 샌프란시스코 지역의 전통적인 아이리시 위스키 잔을 선택했다. 완성된 아이리시 커피를 마시면 위스키에 섞인 커피와 크림이 입안에서 조화롭게 어우러진다.

Basic Recipes
기본

Ingredient

- 생크림 150g
- 설탕 시럽 20g
- 위스키 20g
- 황설탕 10g
- 브루잉 커피 100g(원두량 18g)
- 우유 적당량

Recipe

1. 계량컵에 생크림, 설탕 시럽, 위스키 약간을 붓는다.
2. ①을 핸드 믹서로 섞는다. 이때는 믹서를 들어 올렸을 때 크림이 물처럼 흐르지 않을 때까지 섞는다.
3. 다른 계량컵에 황설탕을 넣고, 위스키를 부은 다음 섞는다.
4. 약불에서 ③을 중탕해 녹인다.
5. 드립서버에 커피를 추출한다. 이때는 완성된 음료에서 위스키의 향미를 돋보이게 하기 위해 커피성분을 많이 추출하여 바디감을 높이고 산미는 최소화한다.
7. 예열한 잔에 위스키를 붓고, 불을 붙여 알코올 성분을 날린다.
8. ⑦에 브루잉 커피를 붓고 섞는다.
9. ②를 작은 컵에 옮겨 붓고, 우유를 부은 다음 섞는다. 이때 우유는 크림의 점성을 맞추기 위한 용도여서 크림이 부드럽게 흐를 정도기 되도록 저당량을 부으면 된다.
10. ⑧에 ⑨를 붓는다.

퀜치 커피
서울시 마포구 동교로12안길 9
Instagram @quench_coffee_nulimlee

1-5
ROYAL MILK TEA

ROSSETTI

로얄 밀크티 / 티룸 로제티

홍차에 우유를 섞어서 마시는 영국식 밀크티와 다르게 뜨거운 우유에 찻잎을 넣고 티를 우려낸 방식을 로얄 밀크티라고 부른다. 로제티의 로얄 밀크티는 단일 다원의 아쌈 티로 만들어 고유한 향미를 풍부하게 느낄 수 있는 것이 특징이다. 또한 우유에 홍차의 향미가 충분히 우러날 수 있도록 풀 리프 Full Leaf 타입의 티만 사용하며, 많은 양의 찻잎을 사용해 깊고 진한 맛을 완성한다. 아쌈 티로 만든 로얄 밀크티와 더불어 베르가못 오일이 들어간 얼그레이 밀크티도 로제티의 인기 메뉴다.

Basic Recipes

기본

1

2

3

4

5

Ingredient

- 아쌈 티 12~15g
- 뜨거운 물 적당량
- 우유 350g
- 비정제 설탕 15g

Recipe

1. 컵에 아쌈 티를 넣고, 찻잎이 잠길 정도로 뜨거운 물을 붓는다. 이때는 찻잎이 물에 충분히 풀어지도록 1분 정도 그대로 둔다.
2. 냄비에 우유를 붓고, 중간 불로 끓기 직전까지 데운 다음 불을 끈다.
3. ②에 ①을 넣고 섞은 다음, 뚜껑을 닫고 4분 정도 우린다.
4. ③에 비정제 설탕을 넣고 섞는다. 이때는 기호에 따라 설탕을 더 넣어도 좋다.
5. 예열한 티팟에 ④를 스트레이너로 거르며 붓는다. 이때는 티팟에 찻잎이 들어가지 않도록 최대한 걸러내고, '골든 드롭 **Golden Drop**'이라고 부르는 마지막 한 방울의 밀크티까지 붓는다.

🏠 티룸 로제티
서울시 용산구 후암로28바길 3
Instagram @tearoomrossetti

1-6
MOCHA VIENNA
YM COFFEE PROJECT

☕ 모카 비엔나 / 🏠 와이엠 커피 프로젝트

☕ 모카 비엔나를 제조할 때는 브루잉 커피의 농도가 가장 중요하다. 초콜릿 소스가 크림이 아닌 커피에 들어가는 음료기 때문에 초콜릿 맛이 너무 강하면 커피의 향미를 가리고, 반대로 단맛이 부족하면 완성도가 떨어진다. 커피와 초콜릿 소스의 밸런스를 맞추고자 멜리타**Melitta** 드리퍼로 커피를 진하게 추출한다. 완성된 모카 비엔나는 섞지 않고 그대로 마시면 되는데, 위에 가니쉬로 올린 호두는 설탕 시럽이 들어간 크림과 커피의 단맛을 즐긴 다음 입가심으로 먹어 쌉쌀한 맛으로 깔끔하게 마무리하는 것을 추천한다.

Basic Recipes
기본

1

2

3

4

5

6

Ingredient

· 브루잉 커피 180g(원두량 25g)
· 초콜릿 소스 10g
· 수제 모카 비엔나 크림 50g
· 초콜릿 파우더 약간
· 호두 반 알

Recipe

1. 드립서버에 커피를 추출한다.
2. 스팀피처에 브루잉 커피를 옮겨 붓고, 초콜릿 소스를 붓는다.
3. 약불에서 ②를 살짝 데운다. 이때는 초콜릿 소스를 녹이는 정도로 데우면서 젓는다.
4. 잔에 ③을 붓는다.
5. ④에 수제 모카 비엔나 크림을 붓는다.
6. ⑤에 초콜릿 파우더를 뿌리고, 호두를 으깨어 올린다.

🏠 와이엠 커피 프로젝트
서울시 은평구 연서로29길 21-8
Homepage ymcoffeeproject.com

2-1
PINK ROSE
MOI COFFEE

☕ 분홍 장미 / 🏠 모이 커피

☕ 분홍 장미는 중국 윈난Yunnan성의 특산물인 식용 장미를 이용해 만든 에이드다. 두 종류의 장미로 청을 만들어 베이스로 사용했는데, 하나는 분홍빛의 색감을 강조하는 장미고, 다른 하나는 향이 돋보이는 장미다. 주로 향수나 화장품에서 나는 장미향을 음료로 접했을 때 손님들이 거부감을 느끼지 않도록 프람보아즈 퓨레와 레몬즙을 넣어 새콤한 과일 향미를 추가했다. 재료 활용법에 대해서는 평소 식재료에 대한 이해도가 높은 베이커리 팀과 상의해서 결정했고, 적절한 맛의 밸런스를 찾고자 재료 간의 배합 비율을 세심하게 조절해 최종 레시피를 완성했다.

Special Ingredient Recipes

재료

1

2

3

Ingredient

- 장미 베이스 70g
- 얼음 120g
- 탄산수 120g
- 로즈마리 약간
- 식용 장미 약간

장미 베이스 제조법(6잔 분량)

- 뜨거운 물 240g
- 식용 장미 7g(색 강조용 장미 4g, 향 강조용 장미 3g)
- 프람보아즈 퓨레 70g
- 백설탕 140g
- 레몬즙 70g

1. 냄비에 뜨거운 물을 붓고, 식용 장미를 넣은 다음 끓인다. 이때는 센불에서 끓인 다음 서서히 약불로 줄여 가며 장미색이 충분히 우러나도록 한다.
2. 보관통에 ①을 체로 거르며 부은 다음 식힌다.
3. 볼에 프람보아즈 퓨레와 백설탕을 넣고, 레몬즙을 부은 다음 섞는다.
4. ②에 ③을 넣고 섞은 다음, 냉장고에 넣어 하루 정도 숙성시킨다.

Recipe

1. 잔에 장미 베이스를 붓는다.
2. ①에 얼음을 넣고, 탄산수를 붓는다.
3. ②에 로즈마리와 식용 장미를 올린다.

모이 커피
경기도 수원시 팔달구 월드컵로 325
Instagram @moi_coffee

2-2
DRINKABLE CACAO
CACAODADA

마시는 카카오 / 카카오다다

카카오다다는 초콜릿의 원재료인 카카오를 직접 가공해 빈투바Bean To Bar 초콜릿을 만드는 곳으로, 소비자들이 좀 더 다양하고 일상적인 방법으로 초콜릿을 즐기는 문화를 만들고자 카카오를 가공한 여러 형태의 초콜릿을 선보인다. 그중 가장 대표적인 것이 마시는 카카오로 매장에서 사계절 내내 인기 있는 메뉴다. 흔히 이야기하는 '핫초코'는 무겁고 텁텁한 향미 탓에 겨울에 마시는 음료라는 인식이 강한데, 마시는 카카오는 싱글 오리진 카카오와 물, 우유를 적절한 비율로 섞어 만든 카카오 베이스가 들어가 맛이 깔끔하고 따뜻한 음료라도 누구나 언제든 편하게 즐길 수 있다.

Special Ingredient Recipes

재료

1

2

3

Ingredient

· 카카오 베이스 200g
· 우유 30g

카카오 베이스 제조법(4잔 분량)

· 설탕 80g
· 물 280g
· 우유 320g
· 카카오 매스 120g

1. 냄비에 설탕을 넣고, 물과 우유를 부은 다음 센불에서 끓인다. 이때는 설탕이 다 녹을 때까지 저으면서 끓인다.
2. 불을 약불로 줄이고, ①에 직접 제조한 카카오 매스를 넣고 섞는다.
3. 보관통에 ②를 옮겨 붓고, 냉장고에 넣어 하루 정도 숙성시킨다.

Recipe

1. 계량컵에 냉장보관된 카카오 베이스를 덜어 전자렌지에 1분 30초~2분 정도 데운 다음, 잔에 붓는다.
2. 거품기에 우유를 붓고 우유거품을 만든다.
3. ①에 ②의 우유거품을 스푼으로 떠서 올린다.

🏠 카카오다다
서울시 마포구 희우정로10길 15
Instagram @cacaodada

2 - 3
ICED SOY MOCHA
BOTTON

☕ 아이스 소이 모카 / 🏠 보통

☕ 카페와 레스토랑이 공존하는 다츠DOTZ에 속한 보통의 시그니처 메뉴는 아이스 소이 모카다. 아이스 소이 모카는 채식주의를 지향하는 비건Vegan 손님들과 이야기를 나누다 아이디어를 떠올린 메뉴로, 비건들도 맛있게 즐길 수 있는 커피를 제공하기 위해 개발했다. 일반적으로 두유에 함유되어 있는 영양소 중 비타민은 돼지나 달걀 등에서 추출한 동물성 성분이 많은데, 이를 피하고자 해초류에서 나온 식물성 성분들이 들어있는 두유를 선택했다. 또한 다크 초콜릿 파우더도 직접 다크 커버추어 초콜릿에 비정제 설탕과 바닐라 빈을 넣고 갈아서 사용한다.

Special Ingredient Recipes

재료

Ingredient

- 다크 초콜릿 파우더 22g
- 에스프레소 2샷 40g(원두량 18g)
- 두유 207g
- 얼음 77g
- 카카오닙스 약간

다크 초콜릿 파우더 제조법(40잔 분량)

- 다크 커버추어 초콜릿 코인 300g
- 다크 초콜릿 파우더 150g
- 비정제 설탕 450g
- 바닐라 빈 ½개

1. 블렌더에 다크 커버추어 초콜릿 코인과 다크 초콜릿 파우더, 비정제 설탕, 바닐라 빈을 넣고 30초씩 두 번 간다. 이때는 블렌더에 장착된 스테인리스 날과 믹서볼을 미리 냉동고에 넣어 보관한 다음 사용하면, 블렌딩 과정에서 발생하는 마찰열로 인해 내용물이 들러붙는 것을 방지할 수 있다.
2. 보관통에 ①을 옮겨 넣고 냉장고에서 저온 숙성시킨다.

Recipe

1. 계량컵에 다크 초콜릿 파우더를 넣는다.
2. 샷글라스에 에스프레소를 추출한다.
3. ①에 에스프레소를 붓고 섞는다. 이때는 다크 초콜릿 파우더가 다 녹을 때까지 젓는다.
4. ③에 두유 70g을 붓고 섞는다.
5. 프렌치프레스에 남은 두유를 붓고 두유거품을 만든다. 이때는 두유거품의 질감이 크림처럼 부드러워질 때까지 두유거품을 만든다.
6. 차갑게 칠링한 잔에 얼음을 넣고, ④를 부은 다음 섞는다.
7. ⑥에 ⑤의 일부만 붓고 섞는다.
8. ⑦에 남은 두유거품을 스푼으로 떠서 올린다.
9. 핸드 그라인더에 카카오닙스를 넣고 갈아서 ⑧에 뿌린다. 이때는 세라믹 소재의 날이 장착된 핸드 그라인더를 냉동 보관해서 사용하는 것을 추천한다. 분쇄되는 과정에서 발생하는 마찰열로 인해 카카오닙스가 뭉치는 것을 방지하고, 세척할 때도 용이하기 때문이다.

🏠 다츠
서울시 용산구 이태원로55나길 6
Instagram @botton_barista

2-4
MUSCOVADO LATTE

DANGOL COFFEE ROASTERS

마스코바도 라떼 / 단골 커피 로스터스

마스코바도 라떼는 마스코바도 설탕으로 시럽을 만들어 자연적인 단맛을 낸 음료다. 직접 만든 마스코바도 설탕 시럽은 밀크티와 핫초콜릿을 만들 때도 사용해 인위적이지 않은 맛을 추구하는 단골 커피 로스터스의 정체성을 확고히 하는 데 큰 역할을 하기도 했다. 보통 설탕 시럽을 만들 때는 물과 설탕의 비율을 1:1로 섞는데, 단골 커피 로스터스는 마스코바도 설탕 시럽이 우유와 커피를 만났을 때 부드럽게 잘 어우러질 수 있는 농도를 고려해 설탕의 비율을 조금 더 높였다. 여기에 미디엄 로스팅된 원두로 에스프레소를 추출해 산미를 더하고 단맛과의 밸런스도 맞췄다.

Special Ingredient Recipes

재료

Ingredient

· 마스코바도 설탕 시럽 30g
· 얼음 200g
· 우유 180g
· 에스프레소 2샷 30g(원두량 19.5g)

마스코바도 설탕 시럽 제조법(30잔 분량)

· 뜨거운 물 400g
· 마스코바도 설탕 600g

1. 보관통에 뜨거운 물을 붓고, 마스코바도 설탕을 넣은 다음 섞는다.
2. ①을 냉장고에 넣어 하루 정도 숙성시킨다.

Recipe

1. 잔에 마스코바도 설탕 시럽을 붓고, 얼음을 넣는다.
2. ①에 우유를 붓는다. 이때 음료를 좀 더 진하게 즐기고 싶다면 우유의 양을 150g으로 줄여도 좋다.
3. 샷글라스에 에스프레소를 추출한다.
4. ②에 에스프레소를 붓는다.

단골 커피 로스터스
서울시 동작구 등용로14길 61
Instagram @dangolcoffee_roasters

2-5
SALTY CARAMEL LATTE
DAGWASANGSA

☕ 솔티 캐러멜 라떼 / 🏠 다과상사

☕ 다과상사는 인공적인 재료를 최소화하는 것을 모토로 메뉴를 개발하고 관리한다. 카페의 정체성을 보여주는 두 가지 시그니처 메뉴 중 솔티 캐러멜 라떼는 효창동과 대흥동으로 나뉜 두 곳의 매장에서 두루 인기를 끌고 있다. 솔티 캐러멜 라떼는 캐러멜 팝콘의 '단짠' 느낌에서 아이디어를 얻어 개발한 메뉴로, 설탕을 중탕해서 녹인 다음, 생크림을 부어 캐러멜 베이스를 직접 만들어 사용한다. 바쁜 매장에서 캐러멜 베이스가 동이 난 상황일 때는 스팀피처에 설탕과 소금, 물을 넣고 스티밍해 설탕을 녹인 다음 생크림을 넣어 음료를 제조하기도 한다.

Special Ingredient Recipes

재료

Ingredient

- 에스프레소 2샷 18.5~19g(원두량 35~40g)
- 캐러멜 베이스 35g
- 얼음 130~135g
- 우유 160~165g

캐러멜 베이스 제조법(16잔 분량)

- 물 120g
- 소금 9g
- 흑설탕 300g
- 생크림 150g

1. 볼에 물을 붓고, 소금과 흑설탕을 넣은 다음 섞는다.
2. 뜨거운 물이 담긴 볼에 ①을 통째로 넣고 중탕해 녹인다. 이때는 흑설탕이 다 녹을 때까지 섞는다.
3. 얼음물이 담긴 볼에 ②를 통째로 넣고, 저어가며 식힌다.
4. ③에 생크림을 붓고 섞는다.
5. 보관통에 ④를 옮겨 붓고, 냉장고에 넣어 보관한다.

Recipe

1. 샷글라스에 에스프레소를 추출한다.
2. 계량컵에 캐러멜 베이스와 에스프레소를 붓는다.
3. 잔에 얼음을 넣고, 우유를 붓는다.
4. ③에 ②를 붓는다.

다과상사
서울시 마포구 대흥로 94
Instagram @dgsangsa

2-6
BLACK CAPPUCCINO

COFFEE PAULY

☕ 블랙 카푸치노 / 🏠 커피 폴리

☕ 건강한 식음료를 지향하는 커피 폴리에서는 시그니처 메뉴의 메인 재료로 오키나와 흑당을 선택했다. 오키나와 흑당은 필수 미네랄과 음식으로 섭취하기 힘든 칼륨이 일반 설탕보다 많이 들어있기 때문이다. 오키나와 흑당을 시럽으로 만들어 음료에 넣는 것보다는 시그니처 메뉴로서의 임팩트를 전하기 위해 직접 눈으로 살피고 맛볼 수 있게끔 그대로 갈아서 음료 위에 올렸다. 완성된 블랙 카푸치노는 먼저 흑당이 뿌려지지 않은 쪽으로 마셔 커피의 맛을 온전히 즐긴 다음, 잔을 돌려 흑당과 함께 음료를 깊이 들이마시는 것을 추천한다.

Special Ingredient Recipes
재료

1

2

3

4

5

7

Ingredient

- 에스프레소 2샷 40g(원두량 25g)
- 우유 170g
- 로스티드 아몬드 시럽 20g
- 오키나와 흑당 2g
- 카카오 파우더 약간

Recipe

1. 잔에 에스프레소를 추출한다.
2. 스팀피처에 우유를 붓고 스티밍한다. 이때는 7회에 나누어 공기를 주입하면서 롤링을 진행해 고운 우유거품을 완성한다.
3. ①에 로스티드 아몬드 시럽을 붓는다.
4. ③에 ②를 붓는다. 이때는 잔이 꽉 찰 때까지 스팀밀크를 붓는다.
5. ④에 오키나와 흑당을 갈아 올린다. 이때는 잔의 반만 흑당을 뿌린다.
6. ⑤에 카카오 파우더를 뿌린다.
7. ⑥에 남은 스팀밀크를 잔 중앙으로 붓는다. 이때는 잔 위로 우유거품이 살짝 올라올 때까지 붓는데, 스팀밀크를 처음부터 다 붓지 않고 마지막에 한 번 더 부어야 우유거품이 흐트러지지 않는다.

커피 폴리
서울시 마포구 양화로11길 14
Instagram @coffeepauly

2-7
MUGWORT LATTE
BUNKER COMPANY

🥤 쑥스럽떼 / 🏠 벙커 컴퍼니

🥤 벙커 컴퍼니의 상징인 청록빛 색감과 잘 어울리는 쑥스럽떼는 유기농 쑥 파우더를 활용해 만든 메뉴다. 메뉴 개발 초기 단계에서는 쑥의 강렬하고 자극적인 쓴맛을 잡기 위해 미숫가루를 사용했지만, 미숫가루가 쑥 베이스와 섞이면 지나치게 텁텁해졌다. 이를 해결하고자 다른 재료를 찾던 중 토피몬드 파우더를 발견해 쑥 베이스에 섞었고, 크림에도 넣어 활용했다. 쑥의 쌉쌀한 맛에 너트 계열의 고소한 단맛이 더해져 맛과 식감의 밸런스를 유지하고, 목넘김도 한층 매끄러워졌다. 메뉴명만 봐도 미소가 절로 지어지는 쑥스럽떼는 묵직한 질감과 단맛을 끌어올리기 위해 크림과 쑥 베이스를 잘 섞어 마시는 것을 추천한다.

Special Ingredient Recipes

재료

1

2

3

4

Ingredient

- 얼음 65g
- 쑥 베이스 120g
- 토피몬드 크림 40g
- 쑥 파우더 약간
- 로즈마리 약간

쑥 베이스 제조법(약 1kg 분량)

- 쑥 파우더 50g
- 토피몬드 파우더 150g
- 우유 1kg

1. 보관통에 쑥 파우더와 토피몬드 파우더를 넣고, 우유를 부은 다음 핸드 믹서로 섞는다.
2. ①을 냉장고에 넣어 보관한다.

토피몬드 크림 제조법(약 300g 분량)

- 식물성 크림 300g
- 토피몬드 파우더 45g

1. 보관통에 식물성 크림을 붓고, 토피몬드 파우더를 넣은 다음 핸드 믹서로 섞는다. 이때는 믹서를 들어 올렸을 때 토피몬드 크림이 부드럽게 흐를 때까지 섞는다.
2. ①을 냉장고에 넣어 보관한다.

Recipe

1. 잔에 얼음을 넣는다.
2. ①에 쑥 베이스를 붓는다. 이때는 냉장보관된 쑥 베이스를 충분히 저은 다음 잔에 부어야 베이스에 섞인 쑥 파우더와 토피몬드 파우더가 분리되지 않는다.
3. ②에 토피몬드 크림을 붓는다.
4. ③에 쑥 파우더를 뿌리고, 로즈마리를 올린다.

🏠 벙커 컴퍼니
경기도 하남시 하남대로249번길 16-16
Instagram @bunker_company

2-8
REAL RASPBERRY MILK

BIROSO COFFEE

복분자 라떼 / 비로소 커피

비로소 커피의 복분자 라떼는 전라북도 고창이 고향인 김리오 대표가 어렸을 때부터 건강을 위해 마시던 복분자 원액을 활용해 만든 메뉴다. 복분자 원액과 우유를 1:1 비율로 섞어 재료 본연의 맛을 살리면서 우유의 단맛과 고소함을 더했다. 복분자 라떼는 먼저 빨대로 밑에 깔린 복분자 원액을 살짝 맛본 다음, 잘 저어서 마시는 것을 추천한다. 복분자 원액이 지닌 깊고 묵직한 맛과 우유와 어우러졌을 때 느껴지는 요거트 같은 맛이 각각 매력적으로 다가오기 때문이다.

Special Ingredient Recipes
재료

Ingredient

- 얼음 40g
- 복분자 원액 100g
- 우유 100g

Recipe

1. 잔에 얼음을 넣는다.
2. ①에 복분자 원액과 우유를 붓는다.

비로소 커피
서울시 마포구 광성로6길 42
Instagram @birosocoffee

3-1
COCONUT
JUNGJIYOUNG COFFEE ROASTERS

☕ 코코넛 / 🏠 정지영 커피 로스터스

☕ 정지영 커피 로스터스의 코코넛은 코코넛 시럽을 넣어 만든 이탈리아식 커피 메뉴에 참신한 아이디어를 더해 개발한 메뉴다. 코코넛 시럽과 커피가 바로 섞이면 자칫 향이 부담스럽게 느껴질 수도 있어, 우선 코코넛 시럽과 우유를 섞어 베이스를 만든 다음 그 위에 에스프레소와 설탕 시럽을 넣어 제조한 커피거품을 올렸다. 이때 에스프레소는 코코넛 시럽의 단맛과 잘 어우러지도록 다크 로스팅한 원두로 추출한다. 커피를 셰이킹할 때는 핸드 셰이킹하지 않고 밀크 셰이크를 만들 때 사용하는 스핀들 믹서를 이용하는데, 걸쭉한 질감의 거품이 생겨 코코넛 시럽을 넣은 우유와 부드럽게 어우러진다.

Creative Recipes

희귀성

Ingredient

· 코코넛 시럽 25g
· 얼음 140g~200g
· 우유 250g
· 설탕 시럽 20g
· 에스프레소 2샷 40~50g(원두량 18~21g)

Recipe

1. 잔에 코코넛 시럽을 붓고, 얼음 70~100g을 넣는다.
2. ①에 우유를 붓고 섞는다.
3. 셰이커 통에 얼음 70~100g을 넣고, 설탕 시럽을 붓는다.
4. 샷글라스에 에스프레소를 추출한다.
5. ③에 에스프레소를 붓는다.
6. ⑤를 스핀들 믹서로 셰이킹한다.
7. ②에 ⑥을 스트레이너로 거르면서 붓는다.

🏠 정지영 커피 로스터스
경기도 수원시 팔달구 정조로905번길 13
Instagram @jungjiyoungcoffee

Signature Menu Recipe

3 - 2
SPICES LATTE
FLOW COFFEE WORKS

☕ 스파이스 라떼 / 🏠 플로우 커피 웍스

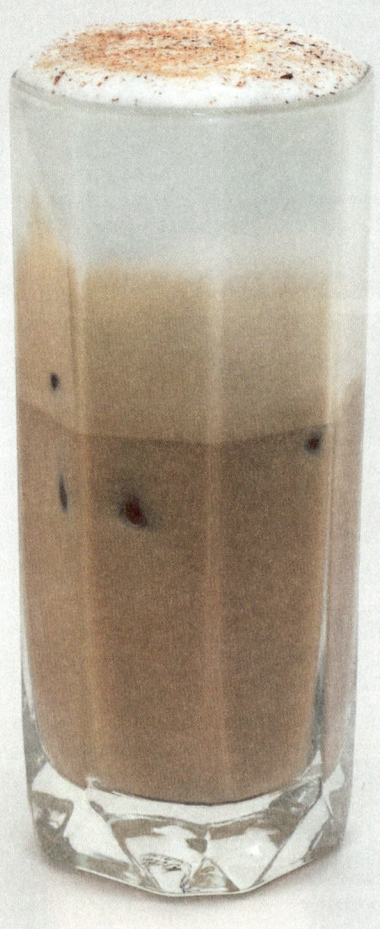

☕ 라이트 로스팅한 원두로 플로럴하고 과일향이 돋보이는 커피를 선보이는 플로우 커피 웍스. 이곳의 시그니처 메뉴인 스파이스 라떼는 가볍고 산뜻한 느낌의 기존 메뉴들과는 다르게 무게감 있는 향의 음료를 추가하고자 개발한 메뉴다. 중동 지역에서 향신료가 들어간 커피를 자주 마시는 것을 보고 영감을 얻어 한국인들의 취향에 맞게 카다멈과 정향을 넣어 레시피를 구상했다. 완성된 스파이스 라떼는 애프터테이스트에서 음료수 '맥콜' 같은 시원한 향이 느껴질 만큼 독특한 맛을 자랑한다. 호불호가 극명하게 나뉘는 메뉴지만, 개성이 돋보이고 강렬한 맛을 즐기는 사람들은 매번 찾는 메뉴다.

Creative Recipes

희귀성

1

2

3

4

5

Ingredient

- 우유 190g
- 에스프레소 2샷 38g(원두량 19g)
- 스파이스 시럽 24g
- 얼음 70g
- 넛맥 약간

스파이스 시럽 제조법(20잔 분량)

- 카다멈 5개
- 정향 1개
- 물 320g
- 설탕 300g

1. 냄비에 카다멈과 정향을 넣고 살짝 으깬다.
2. ①에 물을 붓고 20분 동안 끓인다.
3. 불을 끄고, ②에 설탕을 넣고 섞는다.
4. 보관통에 ③을 옮겨 붓고, 냉장고에 넣어 보관한다.

Recipe

1. 거품기에 우유를 붓고 우유거품을 만든다. 이때는 우유거품의 질감이 크림처럼 부드러워질 때까지 우유거품을 만든다.
2. 샷글라스에 에스프레소를 추출한다.
3. ②에 스파이스 시럽을 붓고 섞는다.
4. 잔에 얼음을 넣고, ①과 에스프레소를 붓는다.
5. ④에 넛맥을 갈아 뿌린다.

플로우 커피 웍스
서울시 서초구 신반포로 43길 45 금성빌딩 1층
Instagram @flow_coffeeworks

3-3
BLOSSOM
COFFEE LEC

블러썸 / 커피 렉

봄이 되면 벚꽃이 흐드러지게 피는 석촌호수 근처에 자리한 커피 렉. 블러썸은 꽃이 만개하는 석촌동의 지역적 특성을 음료로 표현하고자 만든 메뉴다. 커피 렉이 오픈한 초창기부터 시그니처 메뉴의 자리를 굳건히 지켰던 '블랙 앤 화이트' 메뉴를 응용해 블러썸을 만들었는데, 체리 시럽이 들어가 상큼한 향과 뛰어난 비주얼로 출시와 동시에 사람들의 이목을 끌었다. 특히 커피 베이스에만 체리 시럽을 넣지 않고, 위에 올리는 크림에도 시럽을 더해 음료가 입과 코에 닿는 순간부터 새콤달콤한 맛을 전한다.

Creative Recipes

희귀성

1

2

3

5

7

8

Ingredient

- 에스프레소 2샷 60g(원두량 18~19g)
- 얼음 120g
- 체리 시럽 22~23g
- 바닐라 시럽 15g
- 생크림 80g
- 장미잎 약간

Recipe

1. 샷글라스에 에스프레소를 추출한다.
2. 셰이커에 얼음을 넣고, 체리 시럽 7~8g과 바닐라 시럽, 에스프레소를 붓는다.
3. ②를 소프트 셰이킹한다. 이때는 셰이커를 가볍게 흔들면서 20회 정도 셰이킹한다.
4. 잔에 ③을 붓는다.
5. 계량컵에 생크림과 남은 체리 시럽을 붓는다.
6. ⑤를 전동 거품기로 섞는다. 이때는 체리 시럽이 생크림과 만나 자칫 맛과 질감이 요거트가 산화된 것 같은 느낌을 줄 수 있기 때문에 밸런스를 잘 맞춰야 한다.
7. ④에 ⑥을 붓는다.
8. ⑦에 장미잎을 올린다.

🏠 커피 렉
서울시 송파구 백제고분로45길 19
Instagram @coffee_lec

3 - 4
GOLD MACCHIATO
KONGDANGKONGDANG

☕ 골드 마끼아토 / 🏠 콩당콩당

☕ 골드 마끼아토에 들어갈 브루잉 커피를 추출할 때는 다크 로스팅한 원두를 가늘게 분쇄해 사용하고, 천천히 추출해 묵직하고 진한 향미를 강조한다. 추출된 커피는 하루 정도 냉장고에 넣어 숙성시킨 후 음료 제조에 사용하는 것이 중요한데, 콩당콩당에서는 이렇게 숙성된 커피를 '골드 에센스'라고 부른다. 골드 에센스로 음료를 제조하면 깊은 풍미가 느껴지고 얼음을 넣지 않아도 시원한 상태로 제공할 수 있어서 커피향미가 마지막 모금까지 변하지 않고 그대로 유지된다. 마티니 잔의 목을 잡고 골드 마끼아토를 한 모금 마시면, 우유거품에 이어 커피가 뒤따라 들어오면서 입안에서 자연스럽게 섞여 부드러운 맛을 즐길 수 있다.

Creative Recipes

희귀성

1

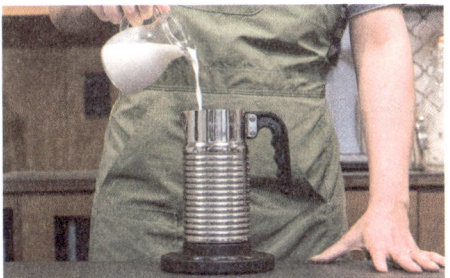

2

3

Ingredient

- 우유 100g
- 골드 에센스 60g

골드 에센스 제조법(1잔 분량)

- 분쇄원두 20g
- 뜨거운 물 100g
- 비정제 설탕 10g

1. 드리퍼에 필터를 놓고, 분쇄원두를 넣는다.
2. ①에 뜨거운 물을 부어 브루잉 커피를 추출한다. 이때는 추출량이 50g 정도 될 때까지 커피를 추출한다.
3. ②에 비정제 설탕을 넣고 섞는다.
4. ③을 보관통에 옮겨 붓고, 밀봉한 다음 냉장고에 넣어 하루 정도 숙성시킨다. 숙성 기간 없이 바로 마시고자 하는 경우에는 얼음이 담긴 볼에 드립서버를 통째로 넣어 식혀도 좋다.

Recipe

1. 거품기에 우유를 붓고 우유거품을 만든다.
   이때는 우유거품의 질감이 크림처럼 부드러워질 때까지 우유거품을 만든다.
2. 잔에 골드 에센스를 붓는다.
3. ②에 ①을 붓는다.

🏠 콩당콩당
서울시 송파구 올림픽로4길 17 아시아선수촌아파트 C상가 2층 23호
Instagram @kongdangkongdang

3-5
FRESH MINT LATTE
SEOCHON BEVERAGE LAB

생민트 라떼 / 서촌음료연구소

서촌음료연구소는 신메뉴를 개발하는 일이 매장의 주업무라고 할 수 있을 만큼 다양한 메뉴를 선보이는데, 메뉴마다 작은 디테일까지 꼼꼼히 신경을 써서 모든 메뉴가 시그니처 메뉴라고 자부한다. 그중에서도 생민트 라떼는 민트 파우더나 시럽에서 느껴지는 텁텁함을 줄이고 재료 본연의 맛을 더하고자 생민트잎을 메인 재료로 선택해 만든 메뉴다. 민트잎의 청량함을 부드럽게 전해주는 우유와 설탕 시럽은 음료 전체의 질감과 당도를 고려해 비율을 세세하게 조절해 넣었다. 생민트 라떼는 보이는 모습 그대로 여름에 마시기 가장 좋은 메뉴로, 민트잎의 상큼함이 설탕 시럽과 달콤하게 어우러지는 것이 특징이다.

Creative Recipes

희귀성

Ingredient

- 우유 125g
- 스피아민트잎 50g
- 민트 시럽 10g
- 설탕 시럽 20g
- 에스프레소 2샷 70g(원두량 19~20g)
- 얼음 155g

Recipe

1. 잔에 우유 50g을 붓고, 스피아민트잎을 넣는다.
   이때는 마지막에 가니쉬로 올릴 스피아민트잎 하나를 따로 빼둔다.
2. ①에 민트 시럽과 설탕 시럽을 붓는다.
3. ②의 스피아민트잎을 머들러로 으깬다.
   이때는 스피아민트잎을 잘 으깨야 향이 제대로 우러난다.
4. 샷글라스에 에스프레소를 추출한다.
5. ③에 얼음을 넣고, 적당량의 우유와 에스프레소를 붓는다.
6. 거품기에 남은 우유를 붓고 우유거품을 만든다. 이때는 우유거품의 질감이 크림처럼 부드러워질 때까지 우유거품을 만든다.
7. ⑤에 ⑥을 붓는다.
8. ⑦에 스피아민트잎을 올린다

🏠 서촌음료연구소
서울시 종로구 옥인길 11
Instagram @seochonlab

Signature Menu Recipe

3 - 6
SWEET WHITE
MANGWONDONGNAECOFFEE

스위트 화이트 / 망원동내커피

모던, 심플, 화이트. 망원동내커피의 매장에 들어서면 떠오르는 세 가지 단어. 시그니처 메뉴인 스위트 화이트는 오픈 당시 매장 내에서 단맛이 강조된 유일한 메뉴였기 때문에 '스위트'란 단어를 붙였고, 미니멀리즘에 맞는 카페의 컨셉에 맞춰 '화이트'라는 심플한 단어를 더했다. 매장에서 추구하는 미니멀리즘의 방향성은 제조 과정에서도 드러나는데, 음료 제조 과정을 간소화하기 위해 스위트 화이트 베이스는 미리 만들어 냉장고에 보관해 두고 사용한다.

Creative Recipes
희귀성

Ingredient

- 얼음 70g
- 스위트 화이트 베이스 25g
- 우유 110g
- 에스프레소 1샷 22g(원두량 20g)

스위트 화이트 베이스 제조법(80잔 분량)

- 우유 800g
- 화이트 커버추어 초콜릿 1.25kg

1. 냄비에 우유를 붓고, 약불에서 60°C가 될 때까지 데운다.
2. ①에 화이트 커버추어 초콜릿을 두 번에 나눠 넣으면서 섞는다.
   이때는 온도를 60°C로 유지하면서 초콜릿이 바닥에 눌어붙지 않도록 계속 저어줘야 한다.
3. ②에서 작은 하얀색 알갱이(카카오 버터)가 보이지 않으면 불을 끈다.
4. 보관통에 ③을 옮겨 붓고 식힌 다음, 냉장고에 넣어 12시간 이상 숙성시킨다.
5. 냉장고에서 ④를 꺼내 표면에 응고되어 있는 카카오 버터 고형분을 걷어내고, 다시 냉장고에 넣어 보관한다. 이때 표면의 고형분을 깔끔하게 제거하지 못하면 씁쓸한 맛이 남을 수도 있으니 유의해야 한다.

Recipe

1. 잔에 얼음을 넣는다.
2. ①에 스위트 화이트 베이스를 붓는다. 이때는 잔 안쪽 벽면을 따라 스위트 화이트 베이스를 부어야 마지막에 붓는 에스프레소가 천천히 흘러내려 음료의 비주얼이 돋보인다.
3. ②에 우유를 붓는다.
4. 샷글라스에 에스프레소를 추출한다.
5. ③에 에스프레소를 붓는다.

망원동내커피
서울시 마포구 동교로 16길 12
Instagram @mwdncoffee

3-7
SIGNATURE BREWING
5BREWING

시그니처 브루잉 / 파이브브루잉

시그니처 브루잉은 직원들이 우연히 커피와 티를 섞어 마시다가 개발하게 된 메뉴다. 커피와 티를 섞으면 게이샤 커피같이 꽃향기와 과일향이 도드라졌지만, 맛과 질감은 조화롭지 않아 레시피를 끊임없이 수정했다. 수차례의 실험 끝에 분쇄원두에 물을 부어 뜸을 들이는 과정에서 찻잎을 넣어 커피와 티를 함께 추출하는 방향으로 레시피를 확정했다. 이때 원두는 워시드와 내추럴 프로세싱 원두 2종을 각각 분쇄한 다음 한데 섞어서 사용한다. 티도 베이스 티에 꽃향기와 과일향을 더하는 티까지 총 3종을 블렌딩해 사용한다.

Creative Recipes

희귀성

Ingredient

· 분쇄원두 40g
· 뜨거운 물 500g
· 블렌딩 티 4g

Recipe

1. 케맥스 드리퍼에 필터를 놓고, 분쇄원두를 넣는다.
2. ①에 분쇄원두를 골고루 적실 만큼의 뜨거운 물을 붓고, 살짝 뜸을 들인다.
3. ②에 블렌딩 티를 넣는다.
4. ③에 뜨거운 물을 부어 커피를 추출한다.
   이때는 추출량이 400g 정도 될 때까지 커피를 추출한다.
5. 잔에 ④를 옮겨 붓는다.

파이브브루잉
서울시 마포구 어울마당로 55-12
Instagram @5brewing

3-8
EARL GREY PLUM SODA
CASUAL COFFEE

얼그레이 자두 소다 / 캐주얼 커피

신사동 가로수길에 조용히 자리한 캐주얼 커피. 이름처럼 심플한 메뉴판에서 커피 메뉴를 제외하고 가장 눈에 띄는 메뉴는 얼그레이 자두 소다다. 얼그레이 자두 소다는 자두 베이스부터 얼그레이 티 시럽까지 메뉴에 들어가는 주재료들을 직접 만들어 사용해 인공적인 맛을 최소화했다. 또한 얼그레이 티의 고유한 향과 자두의 상큼한 맛이 차가운 상태에서도 잘 어우러지도록 탄산수를 넣어 맛의 조화를 꾀했다. 잔 아래에 깔린 자두 베이스의 붉은빛, 탄산수의 투명함, 마지막에 가니쉬로 올린 타임과 자두의 비주얼을 충분히 즐겼다면 빨대로 모든 재료를 잘 섞어서 마시면 된다.

Creative Recipes

희귀성

1

2

3

Ingredient

- 자두 베이스 30g
- 얼그레이 시럽 35g
- 얼음 70g
- 탄산수 100g
- 물 80g
- 자두 슬라이스 약간
- 타임 약간

자두 베이스 제조법 (25잔 분량)

- 자두 1kg

1. 블렌더에 자두를 넣고 간다.
2. 냄비에 ①을 넣고 약불에서 30분 정도 졸인다.
3. 보관통에 ②를 옮겨 붓고, 냉장고에 넣어 보관한다.

얼그레이 시럽 제조법 (35잔 분량)

- 얼그레이 티 5g
- 뜨거운 물 500g
- 비정제 설탕 250g

1. 계량컵에 얼그레이 티를 넣고, 뜨거운 물을 부은 다음 4분 동안 우린다.
2. ①에 비정제 설탕을 넣고 섞는다.
3. 보관통에 ②를 체로 거르며 붓는다.
4. ③을 식힌 다음 냉장고에 넣어 보관한다.

Recipe

1. 잔에 자두 베이스와 얼그레이 시럽을 붓는다.
2. ①에 얼음을 넣고, 탄산수와 물을 붓는다.
3. ②에 자두 슬라이스와 타임을 올린다.

캐주얼 커피
서울시 강남구 강남대로156길 31-15
Instagram @casualcoffee.kr

4 - 1
PEANUT CARAMEL LATTE
TEMPTER COFFEE ROASTERS

피넛 캐러멜 라떼 / 템프터 커피 로스터스

피넛 캐러멜 라떼는 빵과 함께 즐기는 피넛 버터를 활용해 디저트 같은 음료를 선보이고자 개발한 메뉴다. 이를 위해 시중에 판매되는 다양한 종류의 피넛 버터를 테스트하여 휘핑크림과 섞였을 때 부드러운 질감과 진한 맛을 낼 수 있는 것을 선택했다. 피넛 캐러멜 라떼는 음료를 다 마실 때까지 크림과 커피, 그리고 잔 주변에 묻은 땅콩을 입에 함께 넣어 마실 수 있도록 레시피를 구성했다. 이때 땅콩을 토핑처럼 음료 위에 뿌리게 되면 시간이 지날수록 땅콩이 가라앉아 의도한 맛을 느낄 수 없기 때문에, 땅콩을 잔 입구에 골고루 묻히는 것이 제조 과정의 핵심이다.

Visual Recipes
비주얼

1

3

4

5

6

7

Ingredient

- 캐러멜 시럽 약간
- 땅콩 분태 약간
- 우유 100g
- 마카다미아 시럽 20g
- 얼음 100g
- 에스프레소 2샷 40g(원두량 20g)
- 피넛 크림 70g
- 캐러멜 스프린터 약간

피넛 크림 제조법(5잔 분량)

- 피넛 버터 100g
- 우유 100g
- 휘핑크림 300g

1. 계량컵에 피넛 버터를 넣고, 우유와 휘핑크림을 부은 다음 핸드 믹서로 섞는다. 이때는 믹서를 들어 올렸을 때 크림이 부드럽게 흐를 때까지 섞는다.
2. 보관통에 ①을 옮겨 붓고, 냉장고에 넣어 보관한다.

Recipe

1. 캐러멜 시럽이 담긴 그릇에 잔의 입구 부분을 살짝 담가 캐러멜 시럽을 묻힌다.
2. 땅콩 분태가 담긴 그릇에 ①을 살짝 담가 잔 입구 부분에 땅콩 분태를 묻힌다.
3. 계량컵에 우유와 마카다미아 시럽을 붓고 섞는다.
4. 잔에 얼음을 넣고, ③을 붓는다.
5. 샷글라스에 에스프레소를 추출한다.
6. ④에 에스프레소와 피넛 크림을 붓는다.
7. ⑥에 캐러멜 스프린터를 올린다.

템프터 커피 로스터스
서울시 중구 명동10길 35-9
Instagram @tempter__kwang_tae_

4 - 2
FLAT CHOU
CAFE WARDROBE

🍵 플랫 슈 / 🏠 카페 워드로브

🍵 플랫 슈는 이름에서부터 짐작할 수 있듯이 슈크림이 올라간 메뉴다. 하지만 비주얼만 고려해 슈크림을 올린 것이 아니라 함께 마시는 커피와의 밸런스도 감안해 레시피를 구성했다. 직접 만든 슈크림 빵에 들어가는 커스터드 크림이나 가나슈 크림은 커피와 함께 먹었을 때 너무 달게 느껴지지 않도록 당도를 조절했고, 동시에 커피도 로스팅 포인트가 높은 원두로 추출한 에스프레소에 소량의 수제 바닐라 시럽과 생크림을 넣어 달콤쌉쌀한 맛을 유지했다. 음료를 즐기는 방식은 자유지만, 소위 말하는 '찍먹'의 방식처럼 슈크림을 한입 베어 문 다음 커피에 찍어 맛보는 방식을 가장 추천한다.

Visual Recipes

비주얼

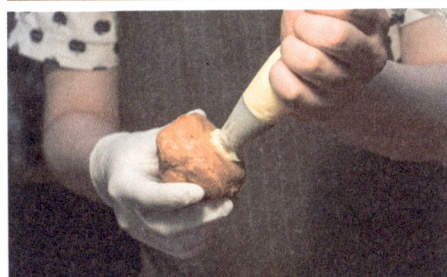

Ingredient

· 수제 바닐라 시럽 20g
· 우유 120g
· 에스프레소 1샷 28~30g(원두량 16.5~17g)
· 생크림 20g
· 슈크림 빵 1개
· 커스터드 크림 50g

Recipe

1. 잔에 수제 바닐라 시럽과 우유를 붓는다.
2. 샷글라스에 에스프레소를 추출한다.
3. ①에 에스프레소와 생크림을 붓는다.
4. 슈크림 빵에 커스터드 크림을 채워 넣는다.
5. ③에 슈크림을 올린다.

🏠 카페 워드로브
서울시 용산구 두텁바위로 49
Instagram @barista_h2o

4 - 3
APPLE BERRY ADE

CUORE ESPRESSO

애플 베리 에이드 / 쿠오레 에스프레소

커피를 마시지 못하는 손님들을 위해 만든 애플 베리 에이드는 맛도, 비주얼도 뛰어나 여름만 되면 카페 매출 상위권에 오르는 메뉴 중 하나다. 음료의 색감을 은은한 분홍빛으로 만들기 위해 탄산수를 부을 때는 냉동 라즈베리 위로 붓는 것이 제조 과정의 핵심이다. 여기에 분홍빛을 돋보이게 하는 금색 스푼과 브라운 컬러의 잔 받침도 필수다. 비주얼도 중요하지만 무엇보다 맛이 우선시되어야 하기 때문에 파인애플 청은 직접 담가 만드는데, 레몬을 함께 넣어 새콤달콤한 맛을 완성했다.

Visual Recipes
비주얼

1

2

3

4

Ingredient

- 얼음 150g
- 냉동 라즈베리 30g
- 탄산수 190g
- 파인애플 청 90g
- 로즈마리 약간
- 타임 약간

파인애플 청 제조법(2kg 분량)

- 레몬 2개
- 파인애플 슬라이스 1kg
- 백설탕 800g

1. 스퀴저에 레몬을 넣고 즙을 짠다.
2. 보관통에 파인애플 슬라이스 200g, 백설탕 160g씩 층지어 넣고, 사이사이에 레몬즙을 붓는다.
3. ②에 즙을 짜고 남은 레몬 껍질을 넣는다.
4. ③을 상온에서 하루 정도 숙성시킨 다음, 열어서 레몬 껍질을 건져내고 전체적으로 한 번 섞는다.
5. ④를 상온에서 하루 정도 더 숙성시킨다.

Recipe

1. 잔에 얼음과 냉동 라즈베리를 넣는다.
2. ①에 탄산수를 붓는다. 이때는 냉동 라즈베리 위로 탄산수를 부어야 은은한 분홍빛의 비주얼이 돋보인다.
3. ②에 파인애플 청을 넣는다.
4. ③에 로즈마리와 타임을 올린다.

쿠오레 에스프레소
서울시 서초구 강남대로 275
Instagram @cuore_espresso

4 - 4
MATCHA FOREST
CAFE DANJI

☕ 말차숲 / 🏠 카페 단지

☕ 말차숲은 우연히 케이크에 초콜릿이 녹아 흐르는 사진을 보고 영감을 받아 개발한 메뉴다. 비주얼에서 아이디어를 얻은 메뉴다 보니 잔에 화이트 초콜릿이 흐르는 모양을 예쁘게 유지하는 것이 제조 과정의 키포인트다. 동화 속에서나 등장할 법한 모습에 감탄한 손님들이 연신 사진을 찍는 동안 얼음이 녹아 맛이 밍밍해지는 것을 보고, 초창기 레시피에서 말차를 10g 정도 더 넣어 레시피를 수정했다. 마지막에 뿌리는 말차 파우더는 말차 100% 파우더인데, 짙은 녹색으로 음료 전체의 색감을 완성하는 역할을 한다.

Visual Recipes
비주얼

2

3

4

5

6

7

Ingredient

- 화이트 커버추어 초콜릿 적당량
- 뜨거운 물 적당량
- 말차 파우더 50g
- 우유 150g
- 얼음 150g
- 녹차 아이스크림 1스쿱
- 말차 100% 파우더 약간

Recipe

1. 볼에 화이트 커버추어 초콜릿을 넣고, 뜨거운 물이 담긴 다른 볼에 통째로 넣어 중탕해 녹인다.
2. 잔의 입구 부분에 ①을 스푼으로 묻힌다.
3. 잔을 바닥에 톡톡 내려치며 화이트 초콜릿이 잔을 따라 흘러내리는 모양을 만든 다음, 냉동고에 넣어 초콜릿을 굳힌다.
4. 계량컵에 뜨거운 물을 붓고, 말차 파우더를 넣은 다음 섞는다.
5. ④에 우유를 붓고 섞는다.
6. 냉동고에서 ③을 꺼내 얼음을 넣고, ⑤를 붓는다.
7. ⑥에 빨대를 꽂고, 녹차 아이스크림을 올린다.
8. ⑦에 말차 100% 파우더를 뿌린다.

🏠 카페 단지
서울시 송파구 백제고분로45길 12
Instagram @cafe_danji

4-5
DOUBLE BERRY

FAVE BAKERY

☕ 더블 베리 / 🏠 페이브 베이커리

☕ 더블 베리는 과일을 이용해서 색다른 색감을 표현할 수 있는 메뉴를 고민하는 과정에서 탄생했다. 1년 내내 판매될 메뉴임을 감안하여 수급이 원활한 재료를 찾다가 냉동 라즈베리를 발견했고, 이를 딸기 베이스와 섞어 음료의 비주얼과 맛을 완성했다. 딸기 베이스와 라즈베리 청이 우유에 섞이지 않고 층을 이루도록 만들기 위해 얼음을 한 개만 넣는데, 얼음 위로 우유를 부으면 자연스럽게 음료의 층이 생기기 때문이다. 더블 베리를 마실 때는 재료를 골고루 섞어서 마시는 것을 추천한다. 잘 저어 마시면 진한 딸기 우유 맛이 나면서 중간중간 라즈베리 알갱이가 입안으로 들어와 씹는 식감을 더한다.

Visual Recipes
비주얼

1

2

3

4

Ingredient

- 딸기 베이스 40g
- 라즈베리 청 50g
- 얼음 35g
- 우유 100g

딸기 베이스 제조법(6잔 분량)

- 딸기 청 200g
- 생크림 30g

1. 블렌더에 딸기 청을 넣고, 생크림을 부은 다음 간다.
2. 보관통에 ①을 옮겨 붓고 냉장고에 넣어 보관한다.

라즈베리 청 제조법(12잔 분량)

- 냉동 라즈베리 300g
- 딸기 스무디 시럽 300g

1. 보관통에 냉동 라즈베리를 넣고, 딸기 스무디 시럽을 부은 다음 섞는다.
2. ①을 냉장고에 넣어 보관한다.

Recipe

1. 잔에 딸기 베이스를 붓는다.
2. ①에 라즈베리 청을 스푼으로 떠서 잔 안쪽 벽면을 따라 넣는다.
3. ②에 얼음을 넣는다.
4. ③에 우유를 붓는다. 이때는 얼음 위로 우유를 부어야 음료의 층이 생긴다.

페이브 베이커리
서울시 마포구 동교로39길 4-13
Instagram @fave_coffeebakery

4-6
PERPETUAL SNOW
YEO SANG WON

☕ 만년설 / 🏠 여상원 바리스타

☕ 시그니처 메뉴란 곧 바리스타가 지향하는 커피의 방향성을 보여주는 것이라고 말하는 여상원 바리스타. 만년설은 누구나 편하고 달콤하게 즐길 수 있는 커피를 선보이고자 하는 그의 방향성을 여실히 보여주는 메뉴로, 대다수의 사람들이 좋아하는 콜드브루 커피를 베이스에 넣고 부드러운 크림을 더해 만들었다. 특히 크림과 우유, 커피의 층이 확연히 구분되고 각 재료의 질감이 입안에서 조화롭게 어우러질 수 있도록 크림 제조에 각별한 신경을 기울인다. 음료를 다 마셔도 잔 안에 크림의 흔적이 남아 있는 것을 보고 만년설이 떠올라 메뉴명에 그대로 표현했다.

Visual Recipes
비주얼

1

2

3

4

Ingredient

- 수제 바닐라 시럽 20g
- 우유 100g
- 얼음 35g
- 콜드브루 커피 50g
- 생크림 35g

Recipe

1. 잔에 수제 바닐라 시럽과 우유를 붓고 섞는다.
2. ①에 얼음을 넣고, 콜드브루 커피를 붓는다.
3. 계량컵에 생크림을 붓고 전동 거품기로 섞는다. 이때는 거품기를 들어 올렸을 때 크림이 부드럽게 흐를 때까지 섞는다.
4. ②에 ③을 붓는다.

여상원 바리스타
Instagram @sangwon_luke_yeo

4-7
BERRY VAMPIRE
LEE JUNG HWA

☕ 베리 뱀파이어 / 🏠 이정화 바리스타

☕ 베리 뱀파이어는 누구나 가볍게 즐길 수 있는 논커피 메뉴를 고민하던 중 탄생한 메뉴다. 티를 잘 모르는 사람도 쉽게 접근할 수 있도록 가향차를 선택했고, 여러 종류의 티를 테이스팅한 결과 가장 과일향이 강하고 여운이 오래 남는 것을 골랐다. 메뉴명은 라즈베리의 붉은빛 강렬함을 전하고자 피를 연상시키는 '뱀파이어'라는 단어를 활용해 지었다. 베리 뱀파이어는 잘 저어서 마시는 것을 추천하는데, 음료를 마시는 중간중간 물에 살짝 분 라즈베리가 입안으로 들어와 말랑거리는 식감을 더한다.

Visual Recipes
비주얼

1

2

3

4

5

Ingredient

- 뜨거운 물 200g
- 티칸네 핫 러브 티백 1개
- 얼음 305g
- 설탕 시럽 20g
- 냉동 라즈베리 100g
- 말린 자몽 슬라이스 1조각
- 타임 약간

Recipe

1. 계량컵에 뜨거운 물을 붓고, 티칸네 핫 러브 티백을 넣은 다음 5분 정도 티를 우린다.
2. ①에 얼음 180g을 넣어 티를 식힌다.
3. 잔에 ②와 설탕 시럽을 붓고 섞는다.
4. ③에 남은 얼음과 냉동 라즈베리 20g을 넣고 섞는다.
5. ④에 빨대를 꽂고 말린 자몽 슬라이스와 남은 냉동 라즈베리, 타임을 올린다.

🏠 이정화 바리스타
Instagram @oz9029

5-1
ORANGE MOCHA
CAFE IMI

오렌지 모카 / 카페 이미

카페 이미에서는 직원들에게 식재료와 메뉴 개발법에 대한 기본적인 교육을 진행한 후, 시즌별로 메뉴 개발 회의를 진행해 좋은 아이디어를 선정하고 정식 메뉴로 발전시킨다. 오렌지 모카는 겨울 시즌을 겨냥해 개발한 메뉴로, 두 종류의 초콜릿 소스를 적절한 비율로 섞어 사용하는 것이 특징이다. 그중 발로나 셀라야 Valrhona Celaya 초콜릿 드링크는 부드러운 질감을 위해, 기라델리 Ghirardelli 초콜릿 소스는 강한 초콜릿 향과 시트러스 계열의 향미를 더하기 위해 선택했다. 완성된 오렌지 모카는 파우더가 뿌려진 부분에 입을 대고 마시는 것이 좋은데, 자연스럽게 반대편에 올린 오렌지가 코와 가까워지면서 산뜻한 향과 달콤한 맛을 동시에 즐길 수 있기 때문이다.

Unusual Recipes

제조법

1

2

3

5

6

7

Ingredient

- 초콜릿 베이스 35g
- 에스프레소 2샷 30g(원두량 20g)
- 우유 150g
- 로즈마리 약간
- 오렌지 슬라이스 1조각
- 초콜릿 파우더 약간

초콜릿 베이스 제조법(20잔 분량)

- 기라델리 초콜릿 소스 90g
- 발로나 셀라야 초콜릿 드링크 500g
- 오렌지 시럽 100g
- 휘핑크림 150g

1. 보관통에 기라델리 초콜릿 소스를 넣고, 발로나 셀라야 초콜릿 드링크와 오렌지 시럽, 휘핑크림을 부은 다음 섞는다.
2. ①을 냉장고에 넣어 보관한다.

Recipe

1. 잔에 초콜릿 베이스를 붓는다.
2. 샷글라스에 에스프레소를 추출한다.
3. 스팀피처에 우유를 붓고 스티밍한다.
4. ①에 에스프레소를 붓고 섞는다.
5. ④에 ③의 우유거품을 스푼으로 떠서 올린다.
6. ⑤에 남은 스팀밀크를 잔의 중앙으로 붓는다.
   이때는 잔 위로 우유거품이 봉긋하게 올라올 때까지 붓는다.
7. ⑥에 로즈마리를 끼운 오렌지 슬라이스를 올리고, 반대편에 초콜릿 파우더를 뿌린다.

카페 이미
서울시 마포구 동교로25길 7
Instagram @cafeimi

5-2
CACAO ESSO

B.RATIO COFFEE COMPANY

카카오 에쏘 / 비라티오 커피 컴퍼니

카카오 에쏘는 호주의 썸머 라떼에서 아이디어를 착안하여, 개발 당시 파베 초콜릿을 연구하고 있던 베이커리 팀과 협업하여 레시피를 발전시킨 메뉴다. 초콜릿 베이스에 생크림을 넣어 다른 초콜릿 음료들과 차별화를 두었고, 직접 만든 파베 초콜릿도 가니쉬로 올렸다. 음료 제조 과정에서도 초콜릿 베이스를 만들 때 가장 큰 주의를 기울이는데, 초콜릿 베이스가 차가운 온도에서도 잘 녹을 수 있도록 알맞은 농도를 조절하는 것이 관건이다. 카카오 에쏘에 올리는 초콜릿 아이스크림은 초콜릿 칩이 박힌 것을 선택해 씹는 식감도 더했다.

Unusual Recipes

제조법

1

2

3

4

5

Ingredient

- 얼음 110g
- 카카오 베이스 20g
- 우유 70g
- 초콜릿 아이스크림 2스쿱(100g)
- 에스프레소 2샷 45g(원두량 20g)
- 파베 초콜릿 1개

카카오 베이스 제조법(65잔 분량)

- 생크림 300g
- 다크 커버추어 초콜릿 300g
- 우유 700g

1. 냄비에 생크림을 붓고 끓인다.
2. 보관통에 다크 커버추어 초콜릿을 넣고, ①과 우유를 부은 다음 섞는다. 이때는 우유를 조금씩 나눠 부으면서 젓는다.
3. ②를 냉장고에 넣어 보관한다.

Recipe

1. 잔에 얼음을 넣고, 카카오 베이스와 우유를 붓는다.
2. ①에 초콜릿 아이스크림을 올린 다음, 잔을 잠시 냉동고에 넣어 보관한다. 이때 잔을 냉동고에 넣는 것은 에스프레소를 추출하는 동안 아이스크림이 녹는 것을 방지하기 위해서다.
3. 샷글라스에 에스프레소를 추출한다.
4. 냉동고에서 ②를 꺼내 에스프레소를 붓는다.
5. ④에 파베 초콜릿을 올린다.

비라티오 커피 컴퍼니
경기도 고양시 일산서구 경의로 845
Instagram @b.ratio_coffee

5-3
FLAT GREEN TEA

CERULEAN COFFEE

플랫 그린티 / 세루리안 커피

플랫 그린티는 카페마다 흔히 있는 메뉴인 아이스 플랫 화이트에 직접 만든 그린티 베이스를 넣어 만든 메뉴다. 에스프레소와 우유, 그린티 베이스로 나뉜 세 개의 층이 돋보이는 플랫 그린티의 핵심은 그린티 베이스를 사전에 미리 제조해 음료의 제조 과정을 최소화했다는 점이다. 매번 베이스 재료를 하나하나 섞어 만들지 않고, 냉장보관한 그린티 베이스와 우유, 에스프레소를 붓는 것만으로 빠른 시간 안에 퀄리티 높은 음료를 완성해 바쁜 매장에서 근무하는 바리스타도, 손님도 모두 만족할 수 있는 레시피를 완성했다.

Unusual Recipes

제조법

Ingredient

- 그린티 베이스 40g
- 얼음 60g
- 우유 80g
- 에스프레소 2샷 27g(원두량 18g)

그린티 베이스 제조법(5잔 분량)

- 그린티 파우더 75g
- 우유 110g
- 수제 바닐라 시럽 35g

1. 보관통에 그린티 파우더를 넣고, 우유와 수제 바닐라 시럽을 부은 다음 섞는다.
2. ①을 냉장고에 넣어 보관한다.

Recipe

1. 잔에 그린티 베이스를 붓는다.
2. ①에 얼음을 넣고, 우유를 붓는다.
3. ②에 에스프레소를 추출한다.

세루리안 커피
서울시 강동구 성안로 42
Instagram @ceruleancoffeeco

5-4
CUBE LATTE

LUSSO LAB

☕ 큐브 라떼 / 🏠 루소 랩

☕ 큐브 라떼는 매장에서 직접 내린 더치 커피를 얼려 만든 큐브에 우유와 비정제 설탕 시럽을 함께 제공하는 메뉴다. 이때 더치 커피는 숯불에서 장시간 로스팅한 원두를 사용해 추출하기 때문에 훈연의 향미와 중후한 바디감을 느낄 수 있는 것이 특징이다. 더치 커피를 고체화해 제공하는 방식도 특이하지만, 각각의 재료를 섞지 않고 따로 내어 손님들이 취향에 맞게 음료의 농도와 당도를 조절하며 즐길 수 있도록 한 것도 이색적이다. 독특한 서비스 과정 덕분에 큐브 라떼는 2012년도에 처음 출시된 이래로 시그니처 메뉴로서의 명성을 꾸준히 유지하고 있다.

Unusual Recipes
제조법

Ingredient

· 더치 큐브 140g
· 우유 270g
· 비정제 설탕 시럽 30g

더치 커피 제조법(20잔 분량)

· 분쇄원두 400g
· 물 3.4L

1. 더치 커피 추출 기구에 분쇄원두와 물을 넣고 커피를 추출한다. 이때는 추출량이 약 2.8L, 당도를 측정하는 단위인 브릭스(Brix)의 농도는 3%대를 유지하며 커피를 추출한다.

Recipe

1. 잔에 더치 큐브를 넣고, 우유와 비정제 설탕 시럽도 각각 용기에 붓는다.

🏠 루소 랩
서울시 강남구 선릉로158길 16
Instagram @lussolab_official

5-5
PINK BREW
UNDER PRESSURE

☕ 핑크브루 / 🏠 언더프레셔

☕ 언더프레셔의 핑크브루는 콜드브루 커피 제조 회사의 장점을 살려 개발한 메뉴다. 핑크브루는 베리, 복숭아, 마카다미아 향미가 특징인 '브루클린 컴포트' 블랜드로 추출한 콜드브루 원액을 베이스로 레시피를 구성했다. 컵 노트를 강조할 수 있는 부재료를 찾다가 딸기 시럽을 사용해 음료를 개발하게 되었고, 이를 콜드브루 커피와 크림에 넣어 상큼하고 달콤한 맛을 부각시켰다. 딸기 초콜릿이 연상되는 맛과 핑크빛 비주얼로 여심을 사로잡은 핑크브루는 언더프레셔의 시그니처 메뉴로 큰 인기를 끌고 있다.

Unusual Recipes
제조법

2

3

4

5

Ingredient

- 콜드브루 원액 90g
- 물 90g
- 딸기 시럽 19g
- 생크림 100g
- 얼음 55g
- 동결 건조 딸기 1개
- 민트잎 약간

Recipe

1. 계량컵에 콜드브루 원액과 물, 딸기 시럽 11g을 붓고 섞는다.
2. 잔에 ①을 붓는다.
3. 다른 계량컵에 생크림과 남은 딸기 시럽을 붓고 핸드 믹서로 섞는다. 이때는 믹서를 들어 올렸을 때 크림이 꿀처럼 흐를 때까지 섞는다.
4. ②에 얼음을 넣고, ③을 붓는다.
5. ④에 동결 건조 딸기와 민트잎을 올린다.

언더프레셔
서울시 용산구 한남대로20길 51
Instagram @underpressurecoffee

5 - 6
COFFEE SHAKE
MESH COFFEE

☕ 커피 셰이크 / 🏠 메쉬 커피

☕ 커피 셰이크는 메쉬 커피의 단골 손님이자 1세대 아이돌 그룹인 'SES' 바다 씨의 제안으로 개발한 메뉴로, 블렌더에 얼음과 설탕, 우유를 넣고 빠르게 갈아 입자가 곱고 밀도가 단단한 우유거품을 만든 것이 특징이다. 완성된 음료는 밀크 셰이크와 겉모습이 매우 흡사하지만 뻑뻑한 밀크 셰이크보다 훨씬 부드러운 식감을 자랑하며, 마치 '기네스**Guinness**' 맥주거품 같은 우유거품이 달콤함을 더한다. 마실 때도 빨대를 꽂지 않고 맥주를 마시듯 바로 거품과 함께 쭉 들이키는 것을 추천한다.

Unusual Recipes

제조법

Ingredient

· 에스프레소 2샷 43g(원두량 18g)
· 얼음 72g
· 백설탕 12g
· 우유 150g

Recipe

1. 샷글라스에 에스프레소를 추출한다.
2. 블렌더에 얼음 36g과 백설탕을 넣고, 우유를 부은 다음 간다. 이때는 설탕 시럽보다 고체 설탕을 넣어야 부드러운 질감의 우유거품이 완성된다.
3. 잔에 남은 얼음을 넣고, ②를 붓는다. 이때는 블렌더 입구에 스푼을 대어 입자가 큰 우유거품을 거른다.
4. ③에 에스프레소를 붓는다.

메쉬 커피
서울시 성동구 서울숲길 43
Instagram @meshcoffee

5-7
HALF&HALF
AMORMIO

☕ 하프 앤 하프 / 🏠 아모르미오

☕ 하프 앤 하프에는 두 가지 의미가 담겨 있다. 하나는 식물성과 동물성 크림을 1:1 비율로 섞어 크림 베이스를 만들었다는 뜻이고, 다른 하나는 음료에 크림과 우유도 반반의 비율로 들어갔다는 뜻이다. 하프 앤 하프는 우유와 크림이 들어가 질감이 묵직하기 때문에 에스프레소는 산미가 강한 원두보다는 로스팅 포인트가 높은 것을 사용해 추출한다. 완성된 음료는 잘 저어 마셔야 맛의 밸런스가 좋은데, 이를 위해 티스푼 대신 버터 나이프를 함께 내어 다른 카페들과의 차별화를 두었다.

Unusual Recipes

제조법

Ingredient

- 얼음 70g
- 크림 베이스 40g
- 우유 40g
- 에스프레소 2샷 80g(원두량 22g)

크림 베이스 제조법(2잔 분량)

- 동물성 크림 40g
- 식물성 크림 40g

1. 보관통에 동물성 크림과 식물성 크림을 붓고 섞은 다음 냉장고에 넣어 보관한다.

Recipe

1. 잔에 얼음을 넣는다.
2. 계량컵에 크림 베이스와 우유를 붓고 섞는다.
3. 샷글라스에 에스프레소를 추출한다.
4. ①에 ②와 에스프레소를 붓는다.

아모르미오
서울시 관악구 행운2길 20
Instagram @bunker_company

5-8
ORANGE BLOSSOM
DEEP BLUE LAKE

오렌지 블러썸 / 딥블루레이크

오렌지 블러썸은 커피의 다채로운 향미를 보다 쉽게 전하기 위해 개발한 메뉴로, 특히 커피의 산미와 과일 향미를 소비자들이 친숙하게 여겼으면 하는 바람으로 레시피를 설계했다. 사람들의 이목을 끌고자 비주얼에도 신경을 써서 마지막에 크림을 부어 마무리했는데, 이때는 동물성 크림을 따로 휘핑하지 않고 그대로 붓는 것이 특징이다. 보통 크림이 올라간 음료는 섞지 않고 그대로 마시는 것을 권하지만, 오렌지 블러썸은 처음부터 섞어 마셔도 맛의 밸런스가 무너지지 않는다.

Unusual Recipes

제조법

Ingredient

- 오렌지 시럽 35g
- 에스프레소 2샷 34g(원두량 18g)
- 얼음 110g
- 생크림 20g
- 오렌지 슬라이스 약간

오렌지 시럽 제조법

- 오렌지 15~20개
- 설탕 1.7~2kg
- 물 1.7~2L

1. 오렌지를 깨끗이 씻은 다음 껍질만 갈아 제스트를 만든다.
2. 냄비에 오렌지 제스트와 설탕을 넣고, 물을 부은 다음 중불에서 끓인다.
3. 불을 끄고 ②를 식힌 다음, 보관통에 옮겨 붓고 냉장고에 넣어 보관한다.

Recipe

1. 잔에 오렌지 시럽 25g을 붓는다.
2. 샷글라스에 에스프레소를 추출한다.
3. ①에 에스프레소를 붓고, 얼음을 넣는다. 이때는 크기가 작은 얼음을 사용해야 나중에 붓는 생크림이 천천히 흘러 비주얼이 돋보인다.
4. 계량컵에 남은 오렌지 시럽과 생크림을 붓고 섞는다.
5. ③에 ④를 붓는다.
6. ⑤에 오렌지 슬라이스를 작게 썰어 올린다.

딥블루레이크
서울시 마포구 포은로6길 11
Instagram @deepbluelakecoffee

6 - 1
COCOSIEN
COMPLETE COFFEE

☕ 코코지엥 / 🏠 컴플리트 커피

☕ 코코지엥은 베트남의 유명한 커피 전문점 콩 카페Cong Caphe의 코코넛 스무디 커피에서 아이디어를 얻어 개발했다. 슬러시 같은 식감의 코코넛 스무디 커피와는 달리 코코지엥은 코코넛 밀크와 우유, 얼음을 따로 넣어 아이스 카페라떼처럼 누구나 접근하기 편하게 만들었다. 또한 손님들이 커피와 섞이는 코코넛 밀크를 느끼하게 여기지 않도록 여러 번에 걸친 테스트 과정을 거쳐 재료들의 배합 비율을 세심하게 조정했다. 메뉴명은 주재료인 코코넛 밀크를 재미있게 표현하고자 다채로운 단어 조합을 생각하던 중 탄생했다.

Concept Recipes

컨셉

Ingredient

- 얼음 159g
- 설탕 시럽 15g
- 우유 70g
- 코코넛 밀크 80g
- 에스프레소 1샷 22g(원두량 18g)

Recipe

1. 잔에 얼음을 넣고, 설탕 시럽과 우유를 부은 다음 섞는다.
2. ①에 코코넛 밀크를 붓는다.
3. 샷글라스에 에스프레소를 추출한다.
4. ②에 에스프레소를 붓는다.

🏠 컴플리트 커피
서울시 동대문구 이문로9나길 6-14
Instagram @completecoffee_seoul

6-2
SYDNEY LATTE
HAYLEY'S COFFEE

☕ 시드니 라떼 / 🏠 헤일리스 커피

☕ 호주식 커피와 디저트를 선보이는 헤일리스 커피는 브랜드 아이덴티티를 명확히 보여주기 위한 메뉴로 시드니 라떼를 개발했다. 시드니 라떼는 아이스크림이 들어간 호주의 아이스 커피를 한국인들의 입맛에 맞게 변형한 메뉴다. 우선 기존의 호주식 아이스 커피와는 다르게 얼음을 넣어 시원함을 더해 느끼한 맛을 잡았고, 얼음이 들어간 대신 우유의 양을 줄여 아포가토 같은 뉘앙스를 완성했다. 게다가 아이스크림 위에 살짝 뿌린 연유 시럽 덕분에 아래 커피만 먼저 마셔도 음료의 달콤함을 느낄 수 있다. 아포가토처럼, 때로는 달콤한 카페라떼처럼 취향대로 마음껏 즐길 수 있는 것이 시드니 라떼의 가장 큰 매력이다.

Concept Recipes
컨셉

1

Ingredient

- 얼음 90g
- 우유 135g
- 바닐라 아이스크림 1스쿱
- 연유 시럽 20g
- 에스프레소 2샷 40g(원두량 23~25g)

Recipe

1. 잔에 얼음을 넣고, 우유를 붓는다.
2. ①에 아이스크림을 올린다.
3. ②에 연유 시럽을 붓는다. 이때는 우유가 아닌 아이스크림 위로 연유 시럽을 부어야 마지막에 붓는 에스프레소가 연유 시럽의 점성 때문에 천천히 흘러 내려 음료의 비주얼이 돋보인다.
4. 샷글라스에 에스프레소를 추출한다.
5. ③에 에스프레소를 붓는다.

2

3

4

5

🏠 헤일리스 커피
서울시 서초구 마방로10길 15
Instagram @hayleyscafe

6-3
BELLONG COFFEE
BELLONG ESPRESSO

☕ 벨롱 커피 / 🏠 벨롱 에스프레소

☕ 벨롱 에스프레소는 커피와 함께 매장에서 직접 만드는 티라미수로 유명하다. 특히 티라미수는 테이블마다 하나씩은 기본으로 주문할 만큼 인기 있는 메뉴인데, 혼자 온 손님들은 커피와 티라미수를 둘 다 먹는 것에 대해 양적으로도, 금전적으로도 부담스러워 했다. 이를 해결하고자 개발한 메뉴가 벨롱 커피로, 예전부터 직원들이 티라미수 크림을 얼려 아이스크림처럼 먹는 것을 보고 아이디어를 얻었다. 카페라떼 위에 얼린 티라미수 크림을 올려서 제조하는 벨롱 커피는 매장의 이름을 딴 시그니처 메뉴의 역할을 톡톡히 하고 있다.

Concept Recipes

컨셉

1

2

3

4

5

6

Ingredient

- 에스프레소 2샷 40g(원두량 20g)
- 바닐라 시럽 10g
- 우유 120g
- 티라미수 크림 30g
- 무가당 초콜릿 파우더 약간

티라미수 크림 제조법(20잔 분량)

- 마스카포네 치즈 250g
- 설탕 100g
- 생크림 250g

1. 볼에 마스카포네 치즈와 설탕을 넣고, 생크림을 부은 다음 섞는다.
2. ①을 냉동고에 넣어 1시간 정도 보관한다.

Recipe

1. 잔에 에스프레소를 추출한다.
2. ①에 바닐라 시럽을 붓고 섞는다.
3. 스팀피처에 우유를 붓고 스티밍한다.
4. ②에 스팀밀크를 붓는다. 이때는 잔의 80% 정도가 찰 때까지 스팀밀크를 붓는다.
5. ④에 티라미수 크림을 올리고, 남은 스팀밀크를 붓는다.
6. ⑤에 무가당 초콜릿 파우더를 뿌린다.

벨롱 에스프레소
서울시 광진구 능동로17길 34
Instagram @bellong_espresso

6-4
HEI HELSINKI
KIM SEONG WON

☕ 헤이 헬싱키 / 🏠 김성원 바리스타

☕ 헤이 헬싱키는 김성원 바리스타가 카페 알토 바이 밀도 **Cafe Aalto by Meal**°에서 근무할 당시 개발한 메뉴로, 현재 매장에서도 꾸준히 인기를 끌고 있는 메뉴다. 카페 알토 바이 밀도는 시그니처 메뉴에 브랜드의 전체적인 컨셉을 녹여내는데, 전부 밀도와 콜라보레이션으로 작업한 핀란드의 건축가 알바 알토 **Alvar Aalto**와 핀란드를 상징하는 이미지에서 출발해 만들었다. 그중 헤이 헬싱키는 눈 내린 헬싱키의 모습을 표현한 메뉴로, 알바 알토가 자주 사용하는 목재인 자작나무에서 나온 자일리톨을 더해 레시피를 완성했다. 헤이 헬싱키를 담는 잔 역시 핀란드의 글라스웨어 브랜드인 '이딸라**Iittala**' 잔을 사용했다.

Concept Recipes

컨셉

1

2

3

4

6

7

Ingredient

- 에스프레소 2샷 40g(원두량 18g)
- 뜨거운 물 50g
- 무염 버터 20g
- MCT 오일 5g
- 우유 100g
- 자일리톨 5g

Recipe

1. 샷글라스에 에스프레소를 추출한다.
2. 잔에 뜨거운 물을 붓고, 무염 버터를 넣은 다음 섞는다.
3. ②에 MCT 오일과 에스프레소를 붓는다.
4. ③을 전동 거품기로 섞는다. 이때는 버터가 다 녹을 때까지 섞으면 되는데, 버터를 빠르게 녹여야 음료의 온도를 유지할 수 있다.
5. 스팀피처에 우유를 붓고 스티밍한다.
6. ④에 ⑤의 우유거품을 스푼으로 떠서 올린다.
7. ⑥에 자일리톨을 뿌린다.

카페 알토 바이 밀도
서울시 용산구 한강대로 100 지하 1층
Instagram @cafeaalto.bymealdo

6-5
KOREANO

CAFE DICTIONARY

☕ 코리아노 / 🏠 카페 딕셔너리

☕ 코리아노는 한국적인 특징을 담은 커피를 만들기 위해 개발한 메뉴로, 한국의 전통 음료인 수정과를 주재료로 선택해 만들었다. 수정과의 시나몬 향은 커피에서도 익숙하게 느낄 수 있는 향이었기 때문에 크게 이질감 없이 섞일 것이라는 예상과 달리, 메뉴 개발 초기에는 수정과의 캐릭터가 너무 강해 커피향미가 잘 드러나지 않았다. 여러 차례에 걸쳐 레시피를 수정하며 연구한 결과 수정과 원액을 물에 희석한 다음 사용해 에스프레소와의 향미적 밸런스를 맞췄고, 설탕 시럽과 바닐라 시럽으로 은은한 단맛과 향을 가미했다. 가니쉬로 올리는 레몬 슬라이스도 상큼한 향을 더해 전체적으로 깔끔하고 시원한 향미가 돋보이는 음료가 완성되었다.

Concept Recipes

컨셉

1

Ingredient

- 생크림 50g
- 바닐라 시럽 8g
- 얼음 112g
- 수정과 베이스 140g
- 에스프레소 2샷 40g(원두량 23g)
- 설탕 시럽 11g
- 시나몬 파우더 약간
- 말린 레몬 슬라이스 1조각

2

3

Recipe

1. 계량컵에 생크림과 바닐라 시럽을 붓는다.
2. ②를 전동 거품기로 섞는다. 이때는 거품기를 들어 올렸을 때 크림이 물처럼 흐르지 않을 때까지 섞는다.
3. 잔에 얼음을 넣고, 수정과 베이스를 붓는다.
4. 샷글라스에 에스프레소를 추출한다.
5. ③에 에스프레소와 설탕 시럽을 붓고 섞는다.
6. ⑤에 ②를 붓는다.
7. ⑥에 시나몬 파우더를 뿌리고, 말린 레몬 슬라이스를 올린다.

5

6

7

🏠 카페 딕셔너리
경기도 용인시 처인구 모현읍 능원로 41-6
Instagram @cafedictionary

6-6
GINGER STRANGE
180 COFFEE ROASTERS

진저 스트레인지 / 180 커피 로스터스

'마블Marvel' 영화의 팬을 자처한 180 커피 로스터스에는 마블 영화 시리즈에서 따온 메뉴명이 꽤 많다. 그중 하나인 진저 스트레인지는 외국 여행 중 탄산수에 커피를 넣어 마시는 모습을 보고 영감을 얻어 개발한 메뉴로, 영화 제목 '닥터 스트레인지'를 활용해 이름을 지었다. 진저 스트레인지는 탄산수 대신 진저에일을 넣었고, 이와 어울리는 향신료로 시나몬과 스타 아니스를 추가해 청량한 뉘앙스를 강조했다. 진저 스트레인지에 들어가는 콜드브루 커피는 가볍고 부드러운 향미가 특징인 '살랑살랑' 블랜드로 추출해 향신료의 향과 은은하게 어우러진다.

Concept Recipes

컨셉

Ingredient

- 시나몬 스틱 1개
- 스타 아니스 2조각
- 얼음 100g
- 진저에일 150g
- 콜드브루 커피 75g

Recipe

1. 뜨거운 물에 시나몬 스틱과 스타 아니스를 넣고 불린다.
   이때는 마른 상태의 향신료를 찬 음료에 바로 넣으면 향이 잘 우러나오지 않기 때문에 1분 정도 불린 다음 넣는 것이 좋다.
2. 잔에 ①의 스타 아니스를 건져 넣고, 얼음을 넣는다.
3. ②에 진저에일을 붓는다.
4. ③에 ①의 시나몬 스틱을 건져 넣고, 콜드브루 커피를 붓는다.

⌂ 180 커피 로스터스
경기도 성남시 분당구 문정로 144번길 4
Instagram @180coffeeroasters_official

6 - 7
SOUL LATTE
BLACK SOUL CLASSIC

☕ 소울 라떼 / 🏠 블랙 소울 클래식

☕ 소울 라떼는 커피와 가장 잘 어울리는 재료인 우유와 설탕을 조합한 라떼 메뉴를 고민하던 중 탄생한 메뉴로, 직접 만든 캐러멜 메이플 베이스를 넣어 복합적인 단맛을 끌어낸 것이 특징이다. 또한 블랙 소울 클래식이 선보이는 에스프레소의 캐릭터를 확실하게 보여주기 위해 우유와 캐러멜 메이플 베이스를 미리 섞어 음료의 전체적인 단맛을 잡은 다음, 에스프레소를 부어 각각의 재료가 개성을 드러내면서도 입안에서 조화롭게 어우러지도록 제조 과정에 세심한 주의를 기울였다.

Concept Recipes

컨셉

1

2

3

4

Ingredient

- 캐러멜 메이플 베이스 30g
- 우유 150g
- 얼음 150g
- 에스프레소 2샷 50g(원두량 20g)

캐러멜 메이플 베이스 제조법(5~7잔 분량)

- 설탕 100g
- 물 100g
- 생크림 30g
- 오가닉 메이플 시럽 100g

1. 냄비에 설탕을 넣고, 물을 부어 섞은 다음 약불에서 끓인다.
2. ①에 생크림을 붓고 섞는다. 이때는 100℃보다 낮은 온도에서 끓인다.
3. 보관통에 ②를 체에 걸러 붓는다.
4. ③에 오가닉 메이플 시럽을 붓고 섞은 다음, 냉장고에 넣어 하루 정도 숙성시킨다.

Recipe

1. 잔에 캐러멜 메이플 베이스와 우유 50g을 붓고 섞는다.
2. ②에 얼음을 넣고, 남은 우유를 붓는다.
3. 샷글라스에 에스프레소를 추출한다.
4. ③에 에스프레소를 붓는다.

🏠 블랙 소울 클래식
경기도 부천시 부천로57번길 11
Instagram @blacksoul_coffee

6-8
JUNE ADE
FEBRUARY ROASTERS

☕ 6월 에이드 / 🏠 이월 로스터스

☕ 1년 열두 달 가운데 2월에서 이름을 따온 이월 로스터스. 이월 로스터스에서는 상호명처럼 월의 이름을 따서 지은 두 개의 시그니처 메뉴가 있는데, 그중 하나가 6월 에이드다. 여름을 겨냥해 만든 메뉴이기도 했고, 실제로 6월에 출시한 메뉴여서 6월 에이드라 이름을 붙였다. 여름 메뉴에 걸맞게 상큼하고 시원한 느낌을 전달하기 위해 페퍼민트 티와 라임즙을 넣어 레시피를 구성했다. 6월 에이드는 들이마실 때마다 음료를 잘 저어서 마시는 것을 추천하는데, 가라앉은 재료들이 섞일수록 더욱 풍부한 맛을 내기 때문이다.

Concept Recipes

컨셉

Ingredient

- 페퍼민트 티 베이스 50g
- 라임즙 25g
- 설탕 시럽 40g
- 라임 슬라이스 4조각
- 얼음 140g
- 탄산수 150g
- 애플민트잎 약간

페퍼민트 티 베이스 제조법(6잔 분량)

- 뜨거운 물 360g
- 페퍼민트 티 3.6g

1. 계량컵에 뜨거운 물을 붓고, 페퍼민트 티를 넣은 다음 섞는다. 이때는 1시간 정도 그대로 두어 티를 우린다.
2. 보관통에 ①을 체로 거르며 부은 다음 냉장고에 넣어 보관한다.

Recipe

1. 잔에 페퍼민트 티 베이스와 라임즙, 설탕 시럽을 붓는다.
2. ①에 라임 슬라이스 3조각과 얼음을 넣는다.
3. ②에 탄산수를 붓고 섞는다.
4. ③에 남은 라임 슬라이스와 애플민트잎을 올린다.

이월 로스터스
서울시 송파구 백제고분로45길 14
Instagram @february_roasters

시그니처 커피 레시피

인기 카페 45곳의 대표 메뉴 레시피

2019년 4월 18일 초판 1쇄 발행
2025년 4월 30일 초판 3쇄 발행

지은이 아이비라인 출판팀
펴낸이 홍성대
편집 정성희, 이여진, 김하영
감수 김영하(베버리지아카데미)
자문 현상무(마리스 커피)
사진 변귀섭, 김대현, 월간Coffee
디자인 나래(GRAEY)

펴낸곳 아이비라인
출판등록 2001년 12월 27일 제311-2003-00049호
주소 (04321) 서울시 용산구 한강대로 295 남영빌딩 5층 506호
전화 (02) 388-5061 **팩스** (02) 388-9880
홈페이지 www.the-cup.co.kr

ISBN 978-89-93461-50-3 13590

· 이 책은 저작권법에 따라 보호받는 저작물이므로 무단 전재와 무단 복제를 금합니다.